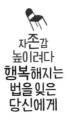

자존감
높이려다
행복해지는
법을 잊은
당신에게

자존감 높이려다
행복해지는 법을 잊은 당신에게

초판 1쇄 발행 2019년 2월 12일

지은이 허용회
펴낸이 이지은 **펴낸곳** 팜파스
책임편집 이은규
디자인 조성미 **마케팅** 정우룡, 김서희
인쇄 (주)미광원색사

출판등록 2002년 12월 30일 제10-2536호
주소 서울특별시 마포구 어울마당로5길 18 팜파스빌딩 2층
대표전화 02-335-3681 **팩스** 02-335-3743
홈페이지 www.pampasbook.com | blog.naver.com/pampasbook
이메일 pampas@pampasbook.com

값 13,800원
ISBN 979-11-7026-235-0(03180)

이 도서의 국립중앙도서관 출판시도서목록(CIP)은 서지정보유통지원시스템 홈페이지
(http://seoji.nl.go.kr)와 국가자료공동목록시스템(http://www.nl.go.kr/kolisnet)에
서 이용하실 수 있습니다.(CIP제어번호: 2019002689)

자존감
높이려다
행복해지는
법을 잊은
당신에게

허용회 지음

〈자존감 높이느라 힘겨운 당신을 위한 처방전〉

팜파스

돈이 없어 끼니를 거르는 대학생들에게 식비를 지원했더니 '자존감'이 올랐다는 이야기[1], 도민의 '자존감'을 높이면서 지역의 발전을 위해 노력하겠다는 한 도지사의 신년 인사[2], 지역의 청렴도 하락으로 인해 군민들의 '자존감'이 많이 떨어졌다고 말하는 지역 부군수의 이야기[3], '자존감'이 부족했으나 동료 배우 및 스태프의 도움으로 좋은 상을 받을 수 있었다는 어느 배우의 수상 소감[4], 고향의 특산물이나 관광지 등을 자신의 예술 작품에 담아, 민족의

'자존감'을 세울 수 있었다는 어느 시인의 고백[5] 등 자존감은 이제 우리 일상의 가까운 곳에서도 심심치 않게 들을 수 있는, 무척 자연스러운 표현이 되었습니다.

"또 자존감이야?"

지금 이 순간에도 자존감에 대한 이야기들이 쏟아지고 있습니다. 책, 특강, 교육, 칼럼, 스터디, 워크숍, 컨설팅 등 형태와 방법은 다양하지만 내용은 대동소이합니다. 자존감이 낮은 사람의 문제는 무엇인지, 높은 자존감이 중요한 이유는 무엇인지, 어떻게 하면 자존감을 높일 수 있을지 등 세상에는 자존감에 관심이 있는 이들을 위해 친절하고 자세히 안내합니다. 그리고 결국 크고 작은 일상의 문제들은 낮은 자존감 때문이니 자존감에 대해 알고, 자존감 향상을 위해 노력하자며 마무리하지요. 그래서 제법 자존감에 관심을 갖고 공부했던 독자라면 이제는 자존감에 관한 책은 조금 지겨울지도 모르겠습니다. 한 가지 고백하자면 제가 자존감 책을 쓰게 될 것이라고는 상상해본 적이 없습니다. 이미 세상에는 자존감에 대한 좋은 이야기들이 많고, 평범한 심리학도인 저 한 사람이 자존감에 대해 한 마디 더 보탠다 한들, 그 일에 큰 의미가 있으리라 기대할 수 없었기 때문입니다.

그럼에도 불구하고 이렇게 자존감을 다루기로 결심한 것은 자존감 열풍 이면에 숨겨진, 어떤 '불편한 진실' 때문이었습니다. 자존감을 소개하고 전하려는 많은 사람들의 노력으로 이제는 높은 자존감에 대해 웬만한 정보는 널리 알려져 있습니다. 자존감 열풍이 뉴스로까지 보도되는 세상이니 자존감 이야기를 한 번이라도 안 들어본 이들은 드물며, 자존감을 높이는 것이 중요하다는 점에 대해서는 대부분의 사람들이 공감하고 있습니다. 이에 따라 자존감을 높이기 위한 콘텐츠들이 불티나게 팔렸고 많은 사람들이 자존감을 높이기 위한 연습을 시작했습니다. 그러나 자존감 열풍이 분 지 상당한 시간이 지난 지금, 저는 묻지 않을 수 없습니다. '자존감 열풍에 힘입어, 과연 사람들의 자존감은 이전보다 얼마나 높아졌을까?'

안타깝게도 많은 사람들이 '자존감 높이기가 힘들다'고 고백합니다. 열심히 노력했음에도 불구하고 왜 자존감이 여전히 낮은 것 같은지 성토하고, 또 자존감을 '진정으로' 높이려면 어떻게 해야 하는지 묻습니다. 자존감에 대한 회의적인 시선도 눈에 띕니다. '자존감이 높으면 내 삶이 바뀔 수 있을까?', '자존감이 높은 사람들은 모두 행복할까?', '자존감에 집착하느라, 무언가 놓치고 만 것은 없을까?' 등 질문합니다. 제가 또 하나의 자존감 책을 독자분들에게 선보이는 이유는 바로 이런 질문들에 대한 답을 찾기 위함입니다.

자존감 공부
다시 하기

자존감에 관한 연구 자료들을 조사하던 저는 경악했습니다. 자존감에 대해 우리가 으레 알고 있던 것보다는, 미처 모르고 있던 내용들이 많았기 때문입니다. '자존감이 높은 사람은 공격적이다', '자존감이 높은 사람은 고정관념이나 편견에 취약한 경향을 보인다', '자존감이 높은 사람들 중 일부는 나르시시스트이다' 등 대중 사회에 상대적으로 잘 알려져 있지 않은 '자존감의 비밀'들이 가득했습니다. '자존감 안정성', '암묵적 자존감', '집단적 자존감' 등 자존감의 숨은 실체를 설명해 주는 다양한 용어들의 존재는, 아직 우리가 자존감 자체에 대해 충분히 이해하지 못하고 있다는 사실을 깨닫게 해 주었습니다. 자존감에 대한 불완전한 이해에서 출발한 실천은 응당 우리 기대와는 다른 결과로 연결될 가능성이 큽니다. 아무리 노력해도 자존감이 잘 높아지지 않는다거나, 자존감이 높아진 것 같음에도 불구하고 내 삶이 더 행복해졌다는 기분이 들지 않는다거나 하는 일들 말입니다.

'자존감의 비밀'을 조사하고 정리한 자료를 바탕으로 2018년 초, 저는 자존감에 대한 공개 강연을 시작했습니다. 공개 강연의 이름은 〈자존감 공부 다시 하기〉로 정했습니다. 첫 공개 강연은 대학로 콘텐츠코리아랩에서 두 차례에 걸쳐 진행되었고, 감사하게도 총 350여 명 관객들의 열렬한 반응 속에서 공개 강연을 무사히 마칠 수 있었습니다. 그 이후에는 자존감 스피치, 자존감 다이어트를 다루는 동료들과 힘을 모아 〈2018 자존감 콘서트〉를 개최, 약 100여 명의 관객들과 교감하며 '자존감 공부를 다시' 해야 하는 필요성과 당위성을 확인할 수 있었습니다. 공개 강연을 마친 이후 전국의 여러 기업과 기관으로부터 〈자존감 공부 다시 하기〉 출강 제의를 받았고 최근까지 열심히 전국을 다니며 '자존감의 비밀'을 다루고 있습니다. 이 책은 〈자존감 공부 다시 하기〉 강연의 내용을 좀더 많은 분들과 함께 나누고 싶은 바람으로 탄생했습니다. 강연에서 다뤘던 내용들을 충실히 담은 한편, 강연 당시 한정된 시간으로 인해 미처 다룰 수 없었던 내용들도 담아내고자 노력했습니다.

어쩌면 지금부터 본문에서 다루게 될 자존감의 비밀들이 낯설고 불편하게 느껴질지 모릅니다. '자존감을 버리자'라는 이야기도 아니고요. 조급함을 내려놓고 지금보다 더 높고 안정적인, 이른바 '건강한 자존감을 만들기 위한 첫걸음을 시작하자'는 것이야말로 이 책의 진정한 목적이라 할 수 있을 것입니다. '왜 노력해도 자존감은 잘 높아지지 않을까?', '자존감을 좇다 무언가 놓친 것은 없을까?', '높은 자존감 이외에 다른 대안은 없을까?', '자존감을 높이는 것만이 최선일까?', '자존감을 높여서 이루고자 하는 것이 무엇일까?' 우리는 이제 이러한 질문에 대답할 준비를 해야 합니다. 이제 자존감에 대한 또 다른 질문에 대답할 준비를 해야 합니다. 저는 우리가 자존감에 대해 더 잘 알게 되는 만큼, 더 '건강한 자존감'을 가꾸어 나갈 수 있으리라 믿습니다. 자, 그럼 지금부터 우리 모두 '자(존감)잘알'이 되기 위해, 자존감 공부를 다시 시작해 볼까요?

차
례

Part 1   **권하고, 매달리고, 팔고… 바야흐로 자존감 열풍**

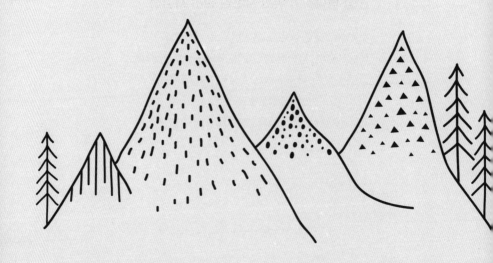

Part 1
—

권하고, 매달리고, 팔고…
바야흐로 자존감 열풍

사회 변화는커녕
나 하나도 지키기 힘든 사람들

불과 몇 년 전까지만 해도 '헬조선', '금수저' 등의 말이 많은 인기를 누렸습니다. 개개인이 아무리 열심히 노력해도 사회 시스템 자체가 모두에게 평등하지 않기 때문에, 결국 잘 먹고 잘 사는 것은 남의 이야기일 뿐이라는 깨달음의 표현이었습니다. '노력 신화'를 조롱하고 회의하면서 사람들은 사라지지 않는 실패, 빈곤, 고통 등에서 비로소 벗어나려는 듯 했습니다. '내 탓이오'라는 말 대신 노력으로도 바꿀 수 없는 그 무언가, 사회적인 원인에 눈을 돌리기 시작하는 것 같았습니다.

그러나 지금은 어떨까요? '헬조선', '금수저'라는 표현은 어느새 상투적인 말이 되었습니다. 자의반 타의반으로 N포 세대가 되어 긴 암흑의 터널을 지나고 있는 현재의 청년들은 이제 '헬조선'이라는 표현을 내려놓고 자아존중감Self-esteem, 즉 '자존감'을 이야기했습니다. 청년들은 왜 갑자기, 자존감을 갈구하기 시작한 것일까요? 비판의 화살을 바깥으로 겨누다가 돌연 스스로에게 책임을 묻기 시작한 이유는 과연 무엇일까요?

그 질문에 답하기에 앞서, 우리가 그토록 찾아 헤매는 자존감이란 도대체 무엇일까요? '나는 자존감이 낮아서 문제야', '자존감을 높이고 싶어'라는 생각은 많이 해 봤겠지만, '자존감' 그 자체에 대해서 생각해 본 적이 있나요? 일반적으로 자존감이란 자기 자신 및 자기 자신의 가치를 긍정적으로 인식하는 상태를 의미합니다. 좀더 구체적으로 설명하면, 자존감을 가치의 차원, 능력의 차원, 그리고 통제의 차원으로 구분할 수 있습니다. '나는 얼마나 가치 있는 사람인가?(가치의 차원)', '나는 얼마나 능력 있는 사람인가?(능력의 차원)', '나는 내 삶의 주인인가?(통제의 차원)'. 이 세 가지 질문에 긍정적으로 대답할 수 있는 사람은 '자존감이 높은 사람'입니다.

자존감을 다루는 학문인 심리학은 '사람'을 연구합니다. '사회'

보다는 개인의 내적 상태에 더 집중하지요. 심리학에서 다루는 개념, 용어들 또한 기본적으로 어떤 사회 현상을 설명하기보다는 개인들의 심리 상태를 설명하기 위해 고안된 것입니다. 다른 말로 표현하자면 심리학은 기본적으로 지극히 미시적인 학문입니다. 심리학에서 다루는 자존감 역시 마찬가지입니다. 자존감이란 기본적으로 우리의 마음과 연관되어 있습니다. 그래서 심리학자들이 말하는 자존감은 우리 마음에 관한 이야기이지, 우리를 둘러싼 외부 환경에 관한 것은 아닙니다. 실제로 교양 심리학 분야에서 심리 현상에 대한 거시적, 사회적인 접근을 찾기란 쉽지 않습니다. 그보다는 자존감이 높은 혹은 낮은 마음 상태에 집중하고, 어떻게 지금보다 더 나은 자존감을 가질 수 있을 것인가에 대해 주로 이야기합니다. 결과적으로 사람들이 자존감에 열광하고 자존감을 지키기 위해 노력한다는 사실은 지금 그들이 사회를 바꾸기는커녕 자신을 지키기에도 급급한 현실임을 보여 주는 것 아닐까요.

자존감에 대한 사람들의 관심은 변하지 않는 헬조선에 적응한 결과일지도 모르겠습니다. 어린 학생들은 소위 명문대에 가야 한다는 이유로 기나긴 '공부 전쟁'을 치르고 있습니다. 금전적인 여건이나 입시 정보에 대한 접근성 등이 현격하여 부모의 적극적인 헌신이 뒷받침되지 않는다면 명문대에 들어가는 것은 불가능에 가까운 일입니다. 자신이 가야 할 길은 스스로 고민하고 찾아 나설 수 있다면 좋으련만 '대학 가서 해'라는 말에 살고 싶은 삶은 유예되곤 합니다.

대학생이 되어도 사정은 그다지 달라지지 않습니다. 이제는 조금 쉬어갈 법한데, 연애도 하고 여행도 가는 등 대학생의 낭만을 즐길 법도 한데 요즘은 대학 1학년 때부터 취업 준비를 시작합니다. 3, 4학년이 되어 준비하려면 시간이 부족하니 미리 봉사 활동도 많이 해 두고, 해외 어학연수도 준비해야 하고, 직무 관련 교육을 듣고, 학점 관리에 매진하는 등 쉴 틈 없이 달려야만 합니다.

그러한 노력과는 정반대로 취업 시장의 분위기는 침통합니다. 저성장 시대가 장기화될 조짐이고, 4차 산업혁명으로 인해 기계가 사람의 일을 대신 하기 시작했습니다. 이 힘겨운 상황에서 천신만고 끝에 직장인이 되었다 하더라도 경직된 조직 문화, 적성에 맞지 않는 업무, 고용 안정에 대한 불안 등으로 입사 초기부터 이직, 퇴사를 결심하는 경우가 비일비재합니다.

어릴 때부터 노후에 접어들 때까지, 한순간도 마음 편히 지낼 날이 없을 것만 같은 기분이 듭니다. 더욱 안타까운 것은 지금의 이 힘겨운 인생살이에 극적인 변화가 생길 기미마저도 보이지 않는다는 사실일 것입니다.

헬조선을 무너뜨릴 수 없으니 결국 자신의 에너지를 오롯이 자기 자신에게 쏟아부어야 합니다. 살아가기 힘겨운 세상에서 쉽게 무너지지 않도록 일단 스스로를 잘 가꾸는 수밖에 달리 도리가 없습니다. 그런 면에서 자존감에 대한 사람들의 집착과 관심은 암울한 사회를 외면하는 것이 아닙니다. 오히려 지극히 냉정하고 철저히 현실을 인식한 결과, 그 현실에 적응한 것에 가깝습니다.

한편 '자존감을 높인다'는 것은 '탄력성 Resilience'과 밀접한 관련이 있습니다. 탄력성은 무언가를 실패했을 때, 그 고통에서 벗어나 일상으로 빨리 돌아오는 능력입니다. 심리학자들의 연구 결과에 따르면, 자존감이 높을수록 개인의 탄력성도 강합니다.[6] 따라서 자존감을 높이는 것은 삶에서 부딪칠 수 있는, 특히 암울한 사회 현실에서 더욱 자주 부딪칠 수 있는 각종 삶의 문제들을 어떻게든 극복하고 적응해 나가기 위한 노력이기도 합니다. 이렇게 본다면 자존감 추구는 단지 스스로를 달래기 위한 시도만은 아닙니다. 그보다는 스스로가 단단해지고 단단해져서, 아무리 사회 현실이 각박하더라도 쉽게 쓰러지지 않고 버텨 보겠다는 의지의 표명과 다름없습니다.

그래서,
당신의 자존감은 높아졌나요?

상사와의 불화, 적성과 맞지 않는 업무, 연인과의 갈등 등 최근 연달아 닥친 어려움에 마음이 상한 J씨. 당장 손에 잡히는 일은 아무것도 없고, 그저 위로만이 절실했다. 방황하다 서점에 들어간 J씨는 우연히 책을 뒤적이다가 마음에 쏙 드는 글귀를 발견했다.

"결국 나 스스로를 사랑하지 않으면 아무것도 할 수 없습니다. 즉, 모든 일과 관계의 성취는 곧 '자기 자신을 존중하는 마음'으로부터 시작됩니다. 자기계발에 더 많은 시간을 쏟는 등 외적인 활동은 부차적인 일입니다. 스스로를 인정하지 못하면, 그 어떤 성취를 이룬다 해도 다른 사람과 끊임없이 비교하며 자신의 성취를 평가절하할 테니 말입니다. 잊지 마세요. 무엇보다 중요한 것은 자신에 대한 존중입니다. 자신을 대하는 태도가 변할 때, 비로소 여러분의 삶도 바뀝니다. 지금부터 스스로에게 이렇게 말하는 연습을 시작하세요. '나는 지금 이대로도 충분히 존중받을 만한 가치가 있는 사람이야', '나는 나를 사랑해'"

J씨는 생각했다. '그래, 맞아. 나조차도 나를 존중하지 못하는데 그 누가 나를 존중해 주겠어?', '힘들수록 굳게 믿자. 다른 사람들의 평가 따위는 중요하지 않아. 그 누가 뭐라 해도 나는 이대로도 충분히 훌륭하고 멋진 사람이니까.'

최근 사회적으로 자존감 열풍이 거셌습니다. 자존감을 주제로 한 책들이 쏟아져 나왔고, 그중 많은 내용들이 속삭였습니다. '자존감이 가장 큰 문제'이며, '자존감이 높아지면 고민하던 마음의 문제가 해결될 것'이라고 말이죠. 몇몇 사람들은 이런 매혹적인 유혹에 빠져들었습니다. 자신의 현재와 미래를 자존감에 맡기고 의지하는 기묘한 상황이 발생한 것입니다. 자존감은 이렇게 신화가 되었습니다.

자존감을 둘러싼 이야기들은 보기에도, 듣기에도 좋은 말들이 많습니다. 특히 주변 사람들과의 관계가 원만하지 않거나, 시험에서 낙방했거나, 직장 일이 안 풀리는 등 유독 슬프고 힘겨울 때는 그 누구의 위로라도 간절합니다. 그럴 때, 평소에는 낯간지러워서 잘 보지도 않았던 자존감 이야기들이 마치 내 마음을 알아주는 것만 같아 뭉클할 때가 있지요. 바로 그 때문일 것입니다. 자존감이 이렇게 대중적인 주목을 받으며, 책, 교육, 컨설팅 등 자존감 관련 상품들이 넘쳐 나는 이 상황말입니다. 많은 사람들이 자존감을 알고, 자존감을 열심히 공부하며, 자존감을 높이려 애쓰고 있는 상황이지요. 자존감의 달콤함에 매료된 사람들이 적었다면 분명 나타날 수 없었을 시대의 변화입니다.

큰 열풍이 불었던 만큼 응당 사람들의 자존감 수준은 이전보다 분명 더 나아졌어야만 할 것입니다. 그러나 불행하게도 자존감에 대한 통계 결과를 보면 자존감 열풍이 끼친 자존감 향상 효과는 아직까지 부족해 보입니다. 직업 구인·구직 전문 업체의 조사 결과에 따르면 전국 10대~20대 남녀 1,648명 중, 응답자의 약 47.9%가 자신의 자존감을 낮게 평가했습니다. 이는 전체 응답자 중 약 절반에 달하는 수치였습니다(낮다: 31.3%, 매우 낮다: 16.6%). 반면 자신의 자존감을 높게 평가하고 있는 응답자 비율은 약 17.4%에 불과했습니다(높다: 12.6%, 매우 높다: 4.8%).[7] 또한 지금 이 순간에도, 자존감에 관한 책은 계속 등장하고 있습니다. 이는 아직까지 사람들 사이에서 '낮은 자존감의 문제'가 만족스럽게 해결되지 못했음을 방증하는 것이지 않을까요.

왜 우리들의 자존감은 아직 낮을까요? 열심히 노력했는데도 불구하고 변화가 없다면 우린 고민해 봐야 합니다. 혹시 우리가 자존감에 대해 잘못 알고 있었던 것은 아닐까요? 자존감을 높여야 한다는 강박 때문에 무리하게 욕심을 부리진 않았을까요? 자신을 지킨다는 명목하에 다른 사람들의 진심 어린 충고를 듣지 않거나 근거 없는 우월감에 젖었거나, 상대방을 깎아내리진 않았나요? 그렇게 해서 높인 자존감 한편에 허무함이 자리 잡진 않았나요?

자존감은 분명 좋은 것입니다. '스스로를 가치 있는 존재로 보고, 존중하려는 마음'이니까요. 당연히 높은 자존감을 갖고 싶어 하는 우리들의 바람 역시 잘못된 것은 아닙니다. 그러나 자존감에

자존감은 **만능열쇠**인가?

대한 관심과 노력이 있었음에도 우리의 삶에 별다른 변화가 없었다면 다시, 다르게 볼 필요가 있습니다. 일차적으로는 우리가 적절한 방법으로 자존감을 추구했는지 생각해 봐야 합니다. 노력의 효과가 없었다면 지금까지 시도했던 방법에 문제가 있었던 것은 아닌지, 지금보다 더 나은 대안은 없는지 등 따져봐야 합니다. 그리고 결론적으로, 자존감을 높이면 지금까지와는 다른 삶을 살 수 있을 것이라는 그 기대를 버려야 합니다. 안타깝게도 자존감은 만능열쇠가 아닙니다.

자존감?
얼마면 돼, 얼마면 되냐고!

심리학 작가이자 강연자로 활동하면서 자존감에 대한 문의를 자주 받곤 합니다. 대개는 자존감이 무엇인지, 자존감은 왜 자꾸 떨어지는지, 어떻게 하면 자존감을 높일 수 있을지 등의 내용입니다. 그러던 어느 날, 평소 받아 보던 것과는 조금 다른 내용이 담긴 메일을 한 통 받았습니다.

> 자존감 공부, 자존감 과제, 자존감 스터디, 자존감 워크숍. 언제부터였을까요. 자존감은 이제 과제이자, 공부이자, 일이 되어 버렸습니다. 자존감이 낮으면 행복할 수 없다고 사람들이 제게 겁을 줍니다. 하지만 자존감을 높이는 것이 저는 도무지 잘 되지 않습니다. 이제 자존감은 저에게 또 하나의 스트레스가 되어버린 듯합니다.

자존감을 높이려는 사람들이 늘었습니다. 자연스럽게 자존감은 '상품'이 되었습니다. 사람들은 자존감을 위해 기꺼이 시간과 비용을 투자합니다. 유료 상품을 구입하지 않으면 안될 만큼 '자존감 높이기'에는 어떤 특별한 노하우가 필요하다고 믿는 사람들이 생겼습니다. 한편, 상품을 구입한 사람들의 마음 역시 편하지 않습니다. 투자한 만큼의 결과물을 얻어야 한다는 강박이 생겼기 때문입니다.

무릇 모든 일이 그렇듯 높은 자존감을 좇는 일도 과유불급입니다. 자존감에 과하게 집착하면 도리어 자존감의 노예가 되고, 결국 그로 인한 부작용에 시달리기 쉽습니다. 또 기대한 만큼 자존감이 높아지질 않아서 스스로에게 적잖이 실망하기도 하지요.

자존감을 높이고 싶다면, 역설적으로 자존감에 대한 우리의 관심과 노력을 어느 정도 포기할 줄 알아야 합니다. '자존감을 높여야 해!' 대신에, '자존감을 꼭 높여야만 해?', '자존감, 그게 그렇게 중요한 거야?', '매일 자존감 타령하기도 지겹다!' 하고 반기를 들수 있어야 합니다.

'당신의 잘못이 아닙니다It's not your fault.' 영화 〈굿 윌 헌팅Good Will Hunting〉(1997)에 등장하는 명대사입니다. 자존감의 문제 역시 마찬가지입니다. 당신의 낮은 자존감은 비단 당신 탓이 아닙니다. 당신의 자존감은 가족 관계, 친구 관계, 학교, 회사, 지역 사회, 국가 단위의 영향을 받습니다. 물론 그렇다고 해서 자존감에 대해 두손 두 발 다 놓고 있자는 말은 아닙니다. 자존감은 원래 때에 따라 변하기 마련이라는 점을 이해하는 것(자존감 안정성), 자존감을 지지하는 환경을 능동적으로 구축하는 것(자존감 네트워크), 가치 판단을 거두고 스스로를 사랑하며 가엾게 여기는 것(자기자비) 등 다른 노력을 통해 자존감을 관리하는 전략은 분명 유효하니까요.

명심해야 할 것은 자존감 관리가 잘 되지 않는다고 해서 그것을 성급하게 스스로의 '잘못', '실수', '태만'으로 규정해서는 안 된다는 점입니다. 자존감을 오롯이 통제할 수 있다는 생각은 틀린 것입니다. 상황을 개선하기 위해 섣불리 개입했다가 자신의 자존감을 자신이 하락시키는 결과를 초래할 수 있습니다. 그리고 자주 간과되는 사실이지만 우리는 자존감 하락을 '당할 수도' 있습니다. 이러한 사실을 고려하지 않은 채 무조건 스스로를 힐난하는 것은 그다지 합리적인 태도라 보기 어렵습니다.

누군가는 질 수밖에 없는 경쟁에서
자존감을 지킨다는 것

자존감을 지키며 산다는 것이 대단히 어려운 세상입니다. 학생은 학생대로, 취업 준비생은 취업 준비생대로, 직장인은 직장인대로, 사업가들은 사업가대로 삶이 힘겹고 고달픕니다. 해내야 할 인생의 과제들은 왜 이리 많은지요. 또 예상하지 못했던 어려움들은 왜 이렇게 나를 힘들게 하는지 도통 알 수가 없습니다. 학생이 취업 준비생이 되고, 취업 준비생이 직장인이나 사업가가 되는 등 도약에 성공했다 하더라도 그저 '한 고비'를 넘었을 뿐입니다. 끝났다고 생각했지만 눈앞에 펼쳐져 있는 것은 더 크고 복잡하고 어려운 현실입니다.

한편 우리가 사회에서 살아남으며 훈련받아 온 것은 경쟁의 미덕과 효율입니다. 앞으로 해야 할 일도 경쟁이요, 또 해내고 싶은 것 또한 경쟁에서의 승리와 우월감 성취입니다. 이러한 경쟁에의 집착이야말로 우리의 자존감을 하락 당하게 만드는, 강력한 외부 요인입니다.

모두가 경쟁에서 이길 순 없습니다. 필연적으로 생기는 패배자들은 누구나 예외 없이, 정도의 차이만 있을 뿐 자존감 하락을 겪습니다. 자존감을 높이는 데 중요한 것은 주관적 성취 경험이지만, 스스로 성취라고 인정하는 데에도 범위와 한계가 있습니다. 예를 들어 자신을 포함한 100명이 운동 경기를 통해 순위를 매길 때, 20등을 한 사람이 그 결과를 '성취'로 인정하는 것과 90등을 한 사람이 그 결과를 '성취'로 인정하는 것에는 상당한 차이가 있습니다. 당연히 전자보다는 후자가 상대적으로 성취 경험으로 받아들여지기 어렵습니다. 아무리 성취의 경험이 주관적이고, 마음먹기에 달려 있다 해도 절대적이고 객관적인 성취의 크기가 어느 정도 보장된 상태여야만 당사자도 성취감을 느낄 수 있습니다.

운과 노력을 통해 경쟁에서 계속 승리한다면 다행입니다. 누적된 성취 경험을 통해 자신의 가치를 확인할 수 있고, 이는 궁극적으로 자존감 상승에 기여합니다. 그러나 지속되는 경쟁 속에서 극심한 스트레스를 겪고, 실패가 반복되면, 다시 경쟁에 뛰어들 의지도, 체력도 잃습니다. '어차피 해 봤자 실패할 거야'라며 학습된 무기력에 빠지는 것이지요. 성취를 할 수 없으니 자연스럽게 자존감은 낮아집니다. 자존감, 특히 우리의 자존감을 둘러싼 사회문화적 배경을 이해하고 싶다면 우리는 우리 사회의 근간이라 할 수 있는 '경쟁'에 대해 깊이 고민해 볼 필요가 있습니다. 왜 경쟁은 우리를 그토록 힘들게 하는 것일까요? 자존감을 지키려면 정녕 경쟁에서 계속 이기는 것밖에는 방법이 없는 걸까요?

경쟁의 효용이 사라진
현대 경쟁

사실 경쟁은 시대와 문화권을 막론하고 어디에나 존재해 왔던 보편적인 현상입니다. 옛날이나 지금이나 기왕이면 경쟁에서 이기는 것이 지는 것보다 낫다고 생각합니다. 그런데 한 번 생각해 봅시다. 사람들이 경쟁에 참여하도록 유도하기 위한 가장 중요한 요건은 바로 '승리 가능성'입니다. 아무리 노력해도 패배할 것이 뻔하다면 굳이 경쟁에 참여하려 하지 않겠지요. 사실 계속 이기기만 한다면 경쟁은 자신에게 해가 될 것이 없습니다. 경쟁의 승리로 얻은 전리품은 물론, 경쟁 과정에서 갈고 닦은 실력과 경험, 노하우가 남겠지요. 이것이 바로 흔히 말하는 '경쟁의 효용'입니다. 적절한 긴장 조성을 통해 '성장'에 필요한 동기 부여, 몰입, 집중력 등 업무 생산성에 필요한 긍정적 심리 자원 등을 창출할 수 있지요. 이 때문에 효율성을 강조하는 현대 사회에서는 경쟁을 적극 장려합니다. 경쟁을 통해 개개인들은 더 적극적으로 동기를 갖고 성장에 몰두할 수 있으며 적절한 조건이 갖춰지기만 한다면, 결과물은 양적으로도, 질적으로도 상승됩니다. 그러나 문제는 다수의 평범한 개인들은 현대 사회에서 벌어지는 온갖 크고 작은 경쟁들을 조성하는 입장에 서 있지 않다는 점입니다. 우리들은 대개 지속적으로 '승리 가능성'이 희박한 경쟁에 내몰리는 참여자입니다.

현대 경쟁은 원시 경쟁과 달리 상당히 복잡합니다. 더 이상 경쟁의 효용이 실현되지 않고, 경쟁에서 이기지 못한 사람들은 다시 일어서지 못합니다. 원시 경쟁과 현대 경쟁 간의 비교를 통해 현대 경쟁의 복잡성을 조금 더 구체적으로 살펴보겠습니다.

첫째, 원시 경쟁과 현대 경쟁은 각각 추구하는 목적이 다릅니다. 원시 경쟁의 목적은 생존 그 자체입니다. 경쟁을 통해 생존에 필요한 음식을 직접적으로 얻는다는 의미입니다. 그러나 현대 경쟁은 당장의 생존 그 이상의 것을 얻기 위한 싸움입니다. 그리고 매우 장기적인 기간을 두고 벌어집니다. 우리는 더 이상 '멧돼지

한 마리', '사슴 한 마리'를 얻고자 '그날의 경쟁'에 몰두하지 않습니다. 그보다는 '돈', '권력', '명예', '이데올로기', '가치' 등 추상적인 가치를 얻고자 경쟁합니다. 돈이나 권력 등은 당장 우리의 생존을 위협하지는 않습니다. 돈 자체는 먹을 수도 없고, 옷 대신 권력을 몸에 두를 수도 없는 노릇이니까요. 대신 이들은 양질의 의식주를 얻는 데 기여함으로써 우리의 생존에 도움을 줍니다. 한편 오늘날 경쟁의 전리품들을 얻기 위해서, 경쟁의 최종 승리자가 되기 위해선 1년, 5년, 10년 이상 지속되는 '인생(경쟁) 계획'을 세워야 합니다. 이렇게 장기화된 경쟁 속에서 우리는 힘들고 피곤합니다. 승진이 좌절되고, 사업이 정체되는 등 언제 경쟁에서 탈락할지 몰라 늘 조마조마한 가슴을 부여잡고 살아갑니다.

둘째, 원시 경쟁과 현대 경쟁의 승리자와 패배자는 다릅니다. 원시 경쟁에서는 누가 승리자고 패배자인지 명확하게 구별할 수 있습니다. 경쟁에서 이긴 자는 그날 저녁에 당장 배를 불릴 수 있습니다. 혹은 창고에 여유분을 쌓아 둘 수 있죠. 패배한 자는 속절없이 굶게 됩니다. 그러나 현대 경쟁에서는 승자와 패자가 명확하게 구분되지 않습니다. 독일의 경제학자이자 정치학자인 칼 마르크스Marx, Karl Heinrich의 주요 업적 중 하나는 부르주아와 프롤레타리아라는 계급 간 갈등에 주목했다는 점입니다. 생산 수단을 소유했느냐, 자본을 어떤 방식으로 축적하느냐에 따라 계급이 발생합니다. 생산자로부터 생산 수단이 분리되었다는 사실은 곧 생산자와 소유자 간 불일치 문제를 낳았습니다. 즉, 재화는 노동력을 제공한 프롤레타리아 계급에 의해 만들어졌지만, 정작 그 재화에 대한 온전한 소유권은 생산 수단을 갖고 있던 부르주아에게 제공되었습니다. 더구나 기술 문명이 발전하면서 하나의 재화를 두고, 다양한 집단들이 자신들의 이익과 손해를 주장했습니다. 생산자와 소유자 간 일대일 구도는 다대다 구도로 변화될 수밖에 없었고, 이는 곧 '규칙rule'의 필요성을 야기했습니다. 생산자도 여러 명, 소유자도 여러 명인 상황에서 상품에 대한 지분을 누가, 얼마나 차지할 것이며 각 지분들의 교환은 어떤 방식으로 이루어져야 할 것인지 등 여러 문제를 해결해 줄 제도적, 법적 장치들이 마련되어야만 했습니다. 뿐만 아니라 금융 시장의 출현 및 각종 파생 상품들의 등장은 생산 및 분배의 복잡성을 더더욱 심화시키는 계기가 되었습니다.

셋째, 조직화, 관료화 등으로 인한 경쟁 체계System가 등장했다는 점 역시 원시 경쟁과는 구별되는 현대 경쟁의 주요 특징입니다. 우리는 대개 경쟁을 시스템 안에서 치러냅니다. 학생들은 학교라는 체계 속에서, 정해진 범위와 평가 방식하에서 경쟁합니다. 직장인은 산업 시장의 상황, 사내 권력 구도, 회사 내 규칙과 조직 문화 등 여러 조건하에서의 승진 경쟁에 몰두합니다. 원시 시대

원시 경쟁	현대 경쟁
생존/생식에 대한 직접 목적적인 경쟁 승자독식의 구조가 단순 명료 소규모 경쟁 구도 단기 지속성	고차원적이고 간접 목적적인 경쟁 생산 및 분배의 복잡성이 심화 거대한 경쟁 구도 장기 지속성

협력 게임이냐 경쟁 게임이냐
- 현대로 올수록 게임 구도가 불명확
- 조직화, 관료화 등으로 인한 경쟁 체제system의 등장

'자연인'의 상태에서는 경쟁의 구도가 비교적 자유롭고 느슨한 편이었습니다. 그러나 거대한 경쟁 체계 안에 묶여 있는 현대인들이 감내해야 하는 경쟁 구도는 그렇지 못합니다. 우선 경쟁에 투자할 수 있는 시간이나 노력의 양이 타의로 정해질 때가 많습니다. 경쟁의 규칙이나 경쟁 대상, 그리고 경쟁을 통해 취할 수 있는 보상 또한 우리가 자유롭게 선택할 수 있는 것이 아닙니다. 원시 경쟁에 비해 현대 경쟁은 수동적이고, 경직되어 있습니다.

원시 경쟁과 현대 경쟁의 가장 큰 차이점은 경쟁 구도가 복잡하다는 데 있습니다. 오랜 시간을 들여야 하고, 결과를 예측할 수 없는 경쟁이 늘었습니다. 승자와 패자의 구분은 불명확해졌고 거대

경쟁 시스템의 탄생은 경쟁에 임하는 우리의 자율적 의지를 손상시켰습니다.

현대의 경쟁이
파괴하는 마음

현대의 극심한 경쟁은 개개인의 마음을 피폐하게 만듭니다. 사실 경쟁은 이기고 있는 이들에게도, 지고 있는 이들에게도 늘 부담스럽습니다. 이기고 있는 사람들은 항상 '쫓기고 있다'고 염려합니다. 조금만 방심하면, 나태해지면 언제든 따라잡힐 수 있다는 초조함이 그들의 마음을 어지럽게 만듭니다. 한편 지고 있는 이들에게는 '쫓아가야 한다'는 강박이 생기기 마련입니다. 경쟁의 결과로 주어질 보상은 한정되어 있기 때문에 경쟁에 패배한다면 원하는 것을 가질 수 없습니다. 그러나 한번 벌어지기 시작한 승자와의 격차를 좁히고 구도를 역전시킨다는 것은 정말 쉽지 않은 일입니다. 남들보다 덜 자고, 더 노력하고, 더 고생을 자처하면서도 미래에 대해 확신하지 못합니다. '과연 이 정도의 노력으로 충분한 것일까?', '승패는 애초에 정해진 것이 아닐까?', '노력한다 해서 결과를 뒤집을 수 있을까?' 등 고민이 쌓여갑니다. 지속되는 경쟁 구도 속에서 스트레스, 피로감, 우울, 열등감, 무기력 등 각종 심리적인 부담감이 생기는 것 또한 피하기 어렵습니다.

경쟁 상황으로의 돌입은 긴장과 각성 상태를 유발합니다. 교감 신경이 활성화되면서 혈압은 상승하고 동공이 확대됩니다. 심장 박동은 빨라지고 털이 곤두섭니다. 긴장으로 인해 많은 양의 땀이 분비되고, 우리의 신경은 예민해집니다. 원래 교감 신경계와 부교감 신경계는 서로 협력하면서 체내의 환경을 일정하게 유지하려 합니다. 교감 신경은 위급 상황 시 적절한 대처를 하고, 부교감 신경을 통해 긴장을 풀어야 합니다. 반대로 부교감 신경으로 인해 이완되었던 체내 근육은 위급 상황을 맞이하면 적절한 순간에 교감 신경의 활성화로 이어질 수 있어야 합니다. 그러나 경쟁 상황이 지속되면 교감 신경-부교감 신경 사이의 균형을 교란시킬 가능성이 높습니다. 교감 신경의 활성화로 인해 긴장된 우리의 신체와 정신은 적절한 시기에 부교감 신경을 통해 이완되고 휴식을 취할 수 있어야 하는데, 경쟁에 대한 지나친 의식과 몰두가 신경계의 자연스러운 변화를 가로막는 것이지요. 긴장 상태가 지속되면 상당한 양의 신체적·정신적 에너지가 소진됩니다.

경쟁에서의 패배는 때로 개인이 감당하기 어려운 막대한 심리적 부담을 안깁니다. 패배 상황에서 가장 흔히 찾아오는 감정 중 하나는 바로 패배감Defeat입니다.[8] 패배감은 주로 지위·역할의 상실이나 물질적·사회적 자원으로부터 멀어지는 상황 등으로 인해 나타납니다. 학교, 회사 등 경쟁이 일어나는 집단 내에서 자신이 가지고 있던 지위나 역할을 잃어버릴 때, 혹은 개인이 소망하던 물질적(금전, 재화 등), 사회적(사회적 위치, 명예, 권력 등) 자원으로부터 멀어질 때 나타납니다.

경쟁에서의 패배는 때로 우리에게 패배감과는 다른 또 하나의 감정을 불러옵니다. 바로 속박감Entrapment 입니다.[9] 속박감이란 쉽게 말하면 경쟁에서 패배하는 등 '어려운 상황에서 벗어날 수 없을 것 같다'는 주관적인 느낌을 말합니다. 이를 외적External 속박감과 내적Internal 속박감으로 나눌 수 있는데, 외적 속박감은 현재 처해 있는 객관적, 현실적 상황으로부터 벗어날 수 없을 것 같다는 느낌을 말합니다. 내적 속박감은 현재 경험하고 있는 부정적인 감정들, 이를테면 불안, 우울, 스트레스, 좌절감 등으로부터 벗어날 수 없을 것 같다는 느낌입니다. 우리가 패배감 그리고 패배 당사자가 경험하는 속박감에 주목해야 하는 이유는 이들이 우울, 불안, 자살 등의 요소와 밀접한 관련이 있기 때문입니다.[10]

한편 심리사회적인 측면에서도 경쟁, 그리고 경쟁 만능주의의 지속은 심각한 문제를 야기합니다. 경쟁이 극대화된 사회에서는 사회 구성원들이 서로를 잘 믿지 못하는 현상이 쉽게 벌어집니다. '세상에 믿을 사람 하나 없다', '결국 믿을 것은 나 하나뿐이다' 등 인간관계에서의 극단적인 인식이 커지고 이는 결과적으로 사회

전반의 결속력을 약화시키는 주요 원인입니다.

경쟁이 심한 우리 사회는 이미 사람들의 마음이 황폐화되고 있습니다. '신뢰도'와 관련된 각종 통계 결과들은 매우 부정적인 수치를 기록합니다. 여론 조사 기관에서 발표한 〈2018 국가사회기관 신뢰도〉 조사 결과, 국가 사회 기관에 대한 우리나라 사람들의 신뢰도는 대통령 21.3%, 시민 단체 10.9%, 대기업 6.9%, 언론 6.8% 순이었습니다. 법원(5.9%), 중앙 정부 부처(4.4%), 노동조합(4.0%), 종교 단체(3.3%), 군대(3.2%), 경찰(2.7%), 검찰(2.0%), 국회(1.8%) 등 대부분의 공권력에 대한 신뢰도도 전반적으로 매우 낮은 것으로 나타났습니다.[11] 또한 전 세계 100여 개국 사람들을 대상으로 약 5년마다 진행되는 정치적·심리적·사회적·윤리적 가치관에 대한 대규모 학술 조사 자료인 세계 가치관 조사World Values Survey[12]의 조사 결과도 비슷한 양상을 보입니다. 대인 신뢰도를 측정하는 문장인 '대부분의 사람은 믿을 수 있다'라는 말에 동의한 한국인들의 비율이 1981년부터 2014년까지 줄곧 20~30%대에 머물러 전반적으로 대인 신뢰 인식이 낮다는 점을 보여 주고 있습니다.[13] 이렇듯 우리 사회는 일반적으로 저低신뢰 사회로 평가되고 있는 것이 현실입니다. 저신뢰 사회의 원인을 전적으로 경쟁 만능주의에 둘 수는 없겠지만 경쟁 만능주의로 인해 사회 내 저신뢰 경향이 심화되었을 것이라고 예상하는 데 무리는 없을 것입니다.

'세상에 믿을 사람 하나 없다'면 결국 믿어야 하는 것은 자기 자신뿐입니다. 결국 그 누구에게 의존하지 않고도 잘 살 수 있도록 강해지지 않으면 안 된다는 것입니다. 어쩌면 우리가 자존감에 관심을 갖게 된 중요한 심리적 배경일지 모르겠습니다.

'자존감이 낮아서…'라는 말은
변명이다

    대중 사회의 주목을 받기 이전부터 일찍이 자존감은 많은 심리학자들의 관심 대상이었습니다. 심리학자들은 자존감을 마음의 건강이나 행복과 연관되는 매우 중요한 것으로 여겼고 구체적으로 어떻게 하면 자존감을 높일 수 있을지 그 방법을 알아내려 했습니다. 실제로 지금까지 수십만 건 이상의 연구들이 진행되었고 그 결과 심리학자들은 자존감에 대한 많은 사실들을 밝혀냈습니다. 특히 자존감은 건강, 직업적 성공, 건강한 대인 관계, 주관적

안녕감, 동료들 사이에서의 높은 긍정적 평가, 학업 성취, 회복탄력성 등 삶의 여러 긍정적인 부분들과 매우 광범위한 연관을 맺고 있었습니다. 안 좋은 일만 생겼다 하면 '자존감이 낮아서 그래'라며 자존감 향상을 마치 '만병통치약'인 양 다루는 사람들이 있는데, 실제 자존감에 대해 누적되어 온, 놀라우리만치 다양하고 긍정적인 연구 성과들을 고려하면 마냥 근거 없는 이야기만은 아닌 셈이지요.

자존감이 낮은 것보다 높은 것이 개인의 삶을 살아가는 데 더 도움이 많이 되긴 할 것입니다. 그래서 많은 이들이 자존감을 높이기 위해 자존감 관련 책도 읽고, 프로그램이나 강의를 수강하는 것이겠지요. 그러나 한편으론 지금 우리가 당연하게 받아들이고 있는 자존감에 대한 다른 의견도 있습니다. 예를 들어, 자존감에 대한 어떤 실험에서는 자존감이 높은 사람일수록 더욱더 공격적인 성향을 드러낸 것으로 관찰되었습니다. 그러나 유사 주제의 다른 실험에서는 공격성과 자존감 간 유의미한 관계를 밝혀내지 못하기도 했습니다.[14] 또 다른 예로, 자존감과 학업 성적 간 관계에 대해서도 결과가 엇갈리는 연구들이 공존하고 있습니다. 한편에서는 자존감이 높을수록 학업 성적이 높았음을 보고한 반면,[15] 다른 한편에서는 자존감과 학업 성적 간 유의미한 관계가 관찰되지 않기도 했습니다.[16] 2000년대 초반 저명한 심리학자 바우마이스터

Baumeister와 그의 동료들은 '높은 자존감이 더 나은 성취, 대인 관계에서의 성공, 행복, 건강한 삶을 불러오는가?'라는 제목의 연구를 발표한 바 있습니다.[17] 연구를 구체적으로 살펴보면, 그들은 자존감에 대해 다음과 같이 적고 있습니다.

> 자존감과 학업 성취 간에는 중간 정도의 상관관계가 있다. 그러나 그것이 곧 '높은 자존감이 좋은 성적을 만든다'는 사실을 의미하는 것은 아니다.

사실 자존감에 대해 생각할 때 우리가 주의해야 할 부분이 바로 '인과관계'와 '상관관계'의 구분입니다. 상관관계는 어떤 상황이나 모습이 변화하는 원인이 서로 상관이 있는가, 즉 함께 커지거나(+) 작아지는(−) 등 특정 방향으로 변화하는 관계를 말합니다. 예를 들어 '완벽주의'와 '불안' 간 정(+)의 상관관계가 있다고 한다면 이는 완벽주의 성향이 높을수록 불안 수준 역시 함께 높아지고 있는 경우를 일컫습니다. 반대로 '완벽주의'와 '낙관성' 간 부(−)의 상관관계가 있다면 이것은 완벽주의 성향이 높을수록 낙관성은 반대 방향, 즉 점점 작아지고 있는 경우를 말하는 것입니다. 상관관계를 다룰 때 주의해야 할 점은 상관관계가 곧 인과관계를 지칭하는 것은 아니라는 점입니다. '완벽주의자이기 때문에 불안도가 높다'거나 '완벽주의자이기 때문에 낙관성이 낮다'라고 단정할 수 없다는 말입니다.

상관관계와 인과관계의 차이점을 설명하기 위해 사례 한 가지를 살펴보겠습니다. 여름철 '아이스크림 판매량'과 '헬스장 이용자수' 간 상관관계를 조사했더니 둘 사이에는 정(+)의 상관관계가 발견되었습니다. 즉, 아이스크림 판매량이 높을수록 헬스장 이용자수도 늘어났던 것입니다. 그러나 우리는 이 결과만을 토대로 성급히 인과관계를 주장할 수 없습니다. 즉, '여름철 헬스장 이용자수가 증가한 원인은 바로 아이스크림때문이다!'라고 말할 수 없습니다. 왜냐하면 아직 제거되지 못한, 현상에 대한 다른 해석의 가능성이 존재하기 때문입니다. 일반적으로 A와 B 간에 상관관계가 있다는 것은 5가지의 가능성들을 내포하고 있습니다. 'A와 B 사이에는 직접적 관련이 없다', 'A가 B에 영향을 미치고 있다', 'B가 A에 영향을 미치고 있다', 'A와 B는 서로에게 영향을 미치고 있다', 'A와 B는 제 3의 변인인 C의 영향을 공통적으로 받고 있다.'

아이스크림 판매량과 헬스장 이용자 수가 같이 증가하는 현상에는 제 3의 변인, 이를테면 '더운 날씨'가 영향을 미쳤을 가능성이 높습니다. 여름이고 날씨가 덥다 보니 아이스크림 판매량도 늘고, 해수욕장이나 수영장으로 피서를 가고 싶은 사람들이 몸매를 가꾸고자 헬스장에 가는 사례가 많아졌다고 해석할 수도 있는 것입니다.

　물론 상관관계로 나타난 관계가 인과관계로 유사하게 입증되는 경우도 존재합니다. 그러나 이는 우연적인 것에 불과하며 변인들 간 인과관계를 밝혀내기 위해서는 철저하게 통제된 실험을 할 필요가 있습니다. 실험 집단과 통제 집단을 구성하고, 오직 실험 집단에만 실험적 처치를 실시한 뒤 두 집단 간 결과의 차이를 비교해야 하지요. 앞선 사례를 예로 든다면 아이스크림 소비와 헬스장 이용 간 인과관계를 밝혀내기 위해 연구자는 다음과 같은 실험을 할 수 있습니다. 실험을 위해 불러 모은 사람들을 우선 실험 집단과 통제 집단으로 나눕니다. 그리고 실험 집단의 사람들에게는 아이스크림을 지급하는 한편, 통제 집단의 사람들에게는 아무 조치도 취하지 않습니다. 이후 연구자는 두 집단 모두에 공통적으로 '헬스장 이용 등록 서류'를 제시하고, 사람들이 등록을 하는지 안 하는지를 조사하여 그 결과를 비교해 봅니다. 이런 절차를 통해 연구자는 아이스크림→헬스장 이용 등록으로 이어지는 인과관계를 발견하게 됩니다.

　'자존감이 높을수록 학업 성취 또한 높았다'라는 표현과 '자존감이 학업 성취에 영향을 미쳤다'라는 표현을 살펴봅시다. 전자는 상관관계를 나타낸 표현이고, 후자는 인과관계를 나타낸 표현입니다. 앞선 설명을 통해 이 두 문장이 엄연히 다른 의미라는 것을 알 수 있을 것입니다. 그러나 대부분 자존감 관련 콘텐츠를 접할 때, 우리는 상관관계와 인과관계를 혼동하여 받아들이진 않았나요? '낮은 자존감 때문에 문제가 일어났다'고 생각하거나 '예전과 달리 저 사람은 자존감을 높였기 때문에 지금 행복해졌다'고 여기진 않았나요? 그래서 낮은 자존감만 높이면 자신의 인생이 쭉쭉 잘 풀릴 것이라고 맹신하진 않았나요? 물론 자존감과 삶의 여러 모습 간의 상관관계 차원도 나름의 가치와 의의는 있습니다. 그러나 자존감이 모든 문제의 원인인 것처럼 오인하는 일은 없어야 합니다. 자존감을 높이라며, 그러면 달라질 것이라고 토닥토닥 위로해 주는 내용들을 전부 믿어서는 안 됩니다. 의도적이든, 아니든 우리 사회에서 쉽게 이야기되는 자존감에 대한 이야기들은 '상관관계'가 '인과관계'인 양 잘못 서술되었을 가능성이 항상 존재합니다. 정확히 서술되었더라도 우리가 잘못 이해하고 믿을 가능성도 항상 존재합니다. 바우마이스터와 그 동료들은 앞선 같은 논문에서 또한 다음과 같은 내용을 적고 있습니다.

우리는 자존감을 높여줄 것으로 예상되었던 처치(치료적 개입, 학교 프로그램 등)들이 동기 부여나 긍정적 정서 등의 효과를 유발한다는 사실을 보여 주는 뚜렷한 증거를 찾지 못했다.

자존감이 여러 긍정적 심리 요소들과 관련이 깊다고 알려진 이래, 많은 심리학자들이 자존감을 높일 수 있는 방법에 대한 조사와 연구를 진행했습니다. 자존감을 높이는 것을 주목표로 하는 여러 심리 관련 교육, 프로그램들이 개발되었고 그 효과성에 대한 학술적인 검증도 수행했습니다. 그러나 심리학자들은 자존감에 대해 더 깊게 연구를 수행하면서 예상치 못한 난관에 부딪치게 됩니다. 한 쪽의 연구에서는 자존감이 높을수록 긍정적인 효과 또한 나타난다고 결론지었는데, 다른 쪽의 연구에서는 긍정적인 효과가 보고되지 않거나 심지어 '부정적인 효과'를 내는 등 연구 결과들이 일관적이지 못했기 때문입니다.

자존감은
원인이 아니다

자존감이 높으면 삶에서 발생하는 여러 일들을 효과적으로 대처할 수 있다는 믿음을 비판한 가장 유명한 사례 중 하나는 바로 미국 캘리포니아에서 실시되었던 대규모의 자존감 교육 프로그램입니다.[18] 1987년 캘리포니아에서는 '자존감 증진 및 개인적 · 사회적 책임을 위한 캘리포니아 대책 위원회The California Task Force to Promote Self-esteem and Personal and Social Responsibility'가 발족되었습니다. 위원회 발족을 주도했던 바스컨셀로스Vasconcellos를 포함한 위원회 사람들은 당시 캘리포니아에 산적해 있던 갖가지 사회 문제들, 예를 들어 가족 간 불화, 학생들의 학업 부진, 약물 및 알코올 남용과 미성년자의 임신, 아동 학대, 만성화된 실업과 빈곤, 폭력 범죄, 환경 오염 등을 해결하는 데 자존감 증진이 가장 가능성 높은 '사회적 백신Social Vaccine'이 될 수 있다고 설명했습니다. 그러나 안타깝게도 결과는 예상과 크게 달랐습니다. 캘리포니아 주민들의 자존감 개선을 위해 막대한 예산이 투입되었고 광범위한 자존감 교육 및 캠페인 활동이 실시되었으나 기대했던 효과들은 사실상 거의 나타나지 않았습니다. 더 충격적인 것은 당시 실시되었던 자존감 높이기 교육의 결과, 교육 이전보다 자존감이 오히려 더 낮아지는 사례가 나타났다는 사실입니다. 결국 캘리포니아에서 실시된 대규모 자존감 프로젝트는 실패로 끝났습니다. 그리고 이 사건은 많은 미국인들이 가지고 있던, 자존감에 대한 신화에 금을 냈으며 자존감 높이기에 대한 비판적인 내용들을 다루는 연구들에도 큰 힘을 실어 주는 계기가 되었습니다.

높은 자존감 혹은 자존감 증진 과정에서 부정적인 영향이 나타날 수 있습니다. 연구 결과, 자존감이 높은 사람들이 타인에 대한 폄하, 지나치게 방어적인 태도, 공격성, 이기주의 등을 나타낸다는 사실이 속속 드러났습니다. 이러한 자존감의 부정적인 측면에 주목했던 한 연구의 제목은 미국 사회 내에서 자존감이 차지하던 위상이 어떻게 변화했는지를 보여 주는 상징이라고 할 수 있을 것입니다.

위협받은 자아중심성과 폭력성, 그리고 공격성 간의 관계:
높은 자존감의 어두운 단면The Dark Side of High Self-esteem[19]

자존감의 배신,
높은 자존감은 타인을 해칠 수 있다

심리학 연구들에 따르면, 높은 자존감은 때로 타인에 대한 공격성, 거부, 회피, 편견 등과 연관됩니다. 자존감이 높아지면 자기 자신을 있는 그대로 자랑스럽고 가치 있게 여길 테니, 다른 사람들의 시선이나 존재에 신경 쓰지 않을 줄 알았는데 예상과 상반되는 매우 의외의 결과이지요. 어떻게 높은 자존감은 타인을 공격하고, 깎아내리거나, 거부하려는 심리로 연결되는 걸까요?

노력해서 높인 자존감의 부작용은 무엇보다 '자존감 높이기가 어렵다(혹은, 어렵게 느낀다)'는 사실과 관련이 있습니다. 사람들은 누구나 자존감이 높은 사람이 되고 싶어 합니다. 스스로를 믿지 못하거나 잔뜩 움츠려 살기보다는 자신을 긍정하며 당당하게 살아가기를 원합니다.

　만약 우리가 가진 자존감을 높이는 일이 쉬웠다면 우리는 자존감을 놓고 새삼 고민할 필요를 느끼지 못했을 것입니다. 즉, 자존감이 '자존감 열풍'이 되는 일도, 자존감을 높여 주겠다며 우리를 설득하는 각종 자존감 관련 강연, 워크숍, 스터디, 자기계발서가 범람하는 일도 없었을 테지요.

　자존감 높이기는 실제로도 어렵고, 어렵게 느껴지는 일이기도 합니다. 그래서 처음에는 자존감이 낮았지만 노력을 통해 간신히 높은 자존감을 획득한 사람들은 아마 다음과 같은 생각을 하게 될 가능성이 높습니다.

　내가 어떻게 얻은 자존감인데!
　함부로 무너지게 놔둘 수 없어! 누구도 못 준다고!

　어렵게 얻은 무언가를 쉽게 포기하고 싶은 사람은 아무도 없습니다. 그것이 금전적·물질적인 것이든, 소중한 인연이든, 높은 자리이든 마찬가지입니다. 높인 자존감 역시 예외는 아닙니다. 자존감은 누가 '떠먹여 주지' 않습니다. 마음 훈련을 거쳤든, 스스로 자존감의 원천을 일궈 왔든, 높인 자존감이란 결국 스스로의 힘으로 얻어낸 듯한 값진 성취이기에 그만큼 소중하고, 어떻게든 오랫동안 지키고 싶은 것은 당연합니다. 높은 자존감, 특히 급히 쌓아 올렸거나 부실하게 쌓아 올린 자존감에는 자기보호Self-protection가 따라오기 쉽습니다. 자신에 대한 부정적인 관점을 방어하는 데 온 관심사가 쏠려 있는 것이지요.[20]

공격성, 거부, 회피 등은 바로 이러한 보호 심리의 일종입니다. 자신이 높여 놓은 자존감을 지키기 위해서는 자아를 위협하는 존재, 생각, 평가 등을 물리쳐야 할 필요가 있습니다. 예를 들어 나를 향한 타인의 부정적 평가, 타인으로부터의 거부, 사회적 성취의 부재, 경쟁 상대의 존재, 내집단에 대한 외집단의 위협 등은 자존감을 깎아내리는 대표적인 위험 요소들입니다. 그리고 사람들은 이러한 위험 요소들을 공격하거나, 거부, 회피하면서 자존감을 지키려 노력합니다. 유달리 어렵게 얻은 자존감이라면 자아 위협에 대한 반발심은 더더욱 거셀 것입니다. 자존감을 지키기 위한 반발심이 거세질수록 타인의 자존감을 위협하는 공격이 될 가능성도 커집니다. 그렇다면 타인 역시 스스로의 자존감을 지키기 위해 더 큰 반발심을 내보이겠지요. 결국 갈등이 또 다른 갈등을 부르는, 악순환으로 인해 타인, 혹은 내가 맺고 있는 외부 세계와의 갈등이 지속적으로 심화될 우려가 있습니다. 그러다 보면 자존감을 지키려는 노력이 역설적으로 자신에게 더 큰 피해를 가져다줄지도 모르는 일입니다.

행복하기 위한
자존감은 따로 있다

　높은 자존감의 부정적인 측면을 설명하면 이런 반응이 제기되
곤 합니다. '그러면 자존감은 허상인가요?', '자존감은 추구할 필
요가 없는 건가요?' 사실 제가 말하고 싶었던 것은 '자존감을 추구
하지 말자', '높은 자존감은 바람직하지 않다' 등의 주장이 아닙니
다. 그보다는 맹목적으로 자존감 신화에 매몰된다면 자칫 부작용
에 직면할 수 있기에, 즉 자존감을 높이려는 노력을 하지 않는 것
만도 못한 결과가 나타날 수 있으니 우선 자존감을 둘러싼 긍정

적, 부정적 측면들을 두루 살펴 보아야 한다는 것이지요. 그러므로 지금부터는 자존감이 궁극적으로 겨냥하는 것, 즉 장기적으로 건강하고 긍정적인 자아의 구축 및 행복Happiness을 위해 우리가 선택할 수 있는, 다른 여러 대안들을 함께 고민해 보려고 합니다.

긍정적이기도 하고, 부정적이기도 한 자존감을 높이기 위한 노력. 사실 자존감의 다양한 측면들을 우리가 의식적으로 인지하는 것만으로도 자존감의 부작용을 완화시킬 수 있습니다. 사실 상당수 마음의 문제들을 고려할 때 '자각하는 것'만큼 중요한 일도 없습니다. 일단 의식적으로 알아차리게 되면 그 문제에 걸맞은 대응책을 준비할 수 있기 때문입니다. 몸이 아플 때 우리는 자연스럽게 병원에 가고 의사 선생님을 찾습니다. 스스로 '내 몸이 아프구나', '내 건강이 현재 정상이 아니구나' 등 충분한 자각이 있었기에 가능한 일입니다. 그러나 몸과는 달리 마음의 문제에 대해 우리는 상대적으로 소극적인 편입니다. 이것이 습관이 되어 마음의 여러 문제들을 깨닫는 데 어려움을 겪을 때가 많지요. 마음의 병 때문에 병원을 찾지 않는 데에는 비용의 문제, 정신과나 상담 센터를 찾는 행위에 대한 사회적 인식의 문제도 있습니다. 그러나 이보다 더 큰 요인은 바로 자신의 마음 상태 및 대처 방법에 대한 무지입니다. 현재 내 마음의 상태가 어떤지, 지금의 내 생각과 행동이 앞으로의 내 마음에 어떤 영향을 미칠지 잘 모르기 때문에 전문가를 찾지 않고 때로는 잘못된 정보에 의존하여 스스로 진단을 내려 버리고 말지요.

임상가, 상담가 등 심리 전문가들이 내담자를 만났을 때 가장 먼저 역점을 두는 부분이 바로 내담자가 자기 마음의 문제를 자각할 수 있도록 돕는 일입니다. 자존감을 예로 든다면 잘못된 이해와 노력으로 구축된 자존감이 때로 자신을 힘들게 할 수 있음을, 마냥 '약'이 될 것이라 믿었던 자존감이 때로 '독'이 될 수 있음을 내담자 스스로가 깨달을 수 있도록 돕는 것이 전문가의 주된 역할입니다. 전문가의 직접적인 개입이 불가피할 정도의 심각한 문제가 아니라면, 전문가는 가급적 내담자로부터 한걸음 떨어져 내담자 스스로 문제에 대한 대응 방법을 발견해 나갈 수 있도록 지원하는 역할을 합니다.

결국 마음의 문제를 다스릴 때 가장 중요한 것은 다름 아닌 자신의 마음 상태를 스스로 깨닫고, 폭넓게 이해하려는 자세입니다. 자존감에 대해서도 마찬가지입니다. 앞서 살펴보았듯 잘못 쌓아 올린 자존감 때문에 서로를 공격하는 등 여러 현상을 보면 자존감을 둘러싼 문제들은 결국 우리들 모두의 문제이자 곧, 각자 자신의 문제이기도 합니다. 결국 스스로 자존감에 대한 균형 잡힌 시각을 갖추지 못한다면, 자존감의 긍정적인 효과들을 누리기는커녕 오히려 자존감의 여러 부작용들에 짓눌리고 말 수 있다는 점을 잊지 않아야 합니다.

자각, 즉 스스로 깨닫는 것은 인간의 심리 전반에 걸쳐 적용될 수 있는 매우 중요한 부분입니다. 부당한 권위에 대한 복종 현상을 연구한 것으로 유명한 사회심리학자 밀그램Milgram은 그의 책 『권위에 대한 복종』에서 자신이 진행한 연구의 의의를 바로 이 '자각'의 맥락에서 찾고자 했습니다. 심리학자 거겐Gergen 역시 복종 실험의 의의로 이른바 계몽 효과Enlightenment Effect를 주장한 바 있습니다.[21] 상황의 압력에 따라 누구나 부당한 권위에도 맹목적으로 복종해버릴 수 있다는 사실을 깨닫게 된다면, 그 사람은 분명 향후 비슷한 상황에 처했을 때 자신이 참여했던 '권위에 대한 복종' 실험 결과를 떠올리고는 부당한 권위에 복종하기를 주저할 수 있습니다. 이것이 바로 거겐이 말한 자각의 중요성이자 심리학의 계몽 효과입니다.

밀그램과 거겐의 사례는 일부일 뿐입니다. 심리학자들은 그동안 고정관념, 편견, 몰개성화, 편향, 이기주의, 집단 괴롭힘, 방관자 효과 등 인간이 보편적으로 가진 비이성적이고 때로는 잔인한 본성의 실체를 규명하는 데 주목해 왔습니다. 그 목적은 인간을 비방하고, 그 가치를 훼손하기 위함이 아니었습니다. 오히려 인간에 대한 깊은 애착이 있었기에, 인간이 본능에 지지 않고 스스로 더 성숙하고 자유로운 의지에 따라 살기를 희망했기 때문에 인간의 어두운 측면들을 외면하지 않고 용기 있게 맞선 것입니다. 자존감을 추구하고자 하는 우리에게도 어두운 면을 기꺼이 직면할 수 있는 용기가 필요합니다.

다음 장에서도 살펴보겠지만 자존감을 굳건하게 받치는 것은 스스로 이룩한 여러 개인적·사회적 성취들입니다. 그러나 요즘 우리는 일상에서 성취를 맛볼 기회가 적습니다. 좋은 대학을 가는 것도 힘들고, 좋은 직장에 가는 것도 힘듭니다. 소중한 단짝과 결혼하는 일에도 돈 문제가 심각히 끼어들고, 내 집 마련하는 일은 대출 없이는 사실상 불가능한 현실입니다. 부모가 되고 싶어도 양육비가 만만치 않아 결혼과 출산을 미루는 일도 주위에서 자주 볼 수 있습니다. 그야말로 성취감 부재의 시대가 아닐까 싶습니다. 그렇게 본다면 우리의 자존감이 낮은 이유를 이해하기 어렵지 않습니다. 뭔가 이루는 듯한 기분이 있어야 뿌듯하고, 자존감도 높아질 테니까요.

자존감 열풍은 N포 세대 등의 표현이 가리키듯 포기할 게 더 많은 처지이지만 그래도 뭔가 이뤄 보고 싶다, 기죽고 싶지 않다, 희망을 놓고 싶지 않다 등의 마음들이 모여 반영된 결과일 것입니다. 자존감에 대해 이야기하는 책들은 아무리 사는 것이 힘들어도 스스로를 존중하는 마음을 포기할 필요는 없다고 말해 줍니다.

이런 배경들을 고려하자면 '자존감 신화'를 깨려는 시도들은 불편하게 받아들여질 수밖에 없습니다. 또한 지금까지 책, 강연 등 자존감 이야기를 통해 이해받고 위로받은 수많은 사람들이 분명 있었기 때문입니다. 자존감이 자존감 열풍으로까지 번질 수 있었던 현상의 이면에는 힘겨운 삶을 겨우 살아가는 사회 속 다양한 사람들의 한탄과 울분이 응집되어 있기 때문이기도 합니다.

그럼에도 불구하고 우리에게는 자존감에 대한 불편한 이야기들을 담담하게 수용할 수 있는 용기가 필요합니다. 충분히 고민하지 못한 채, 무리하게 쌓아 올린 자존감이 우리를 달래줄 수 있는 순간은 잠시뿐입니다. 스스로를 속이는, '무한 긍정'식의 자존감이야말로 각종 부작용을 초래하고 궁극적으로 우리에게 매우 좋지 않은 영향을 미치게 됩니다. '자존감을 높이면 정말 좋을까?', '자존감이 부작용을 낳는 이유는 무엇일까?', '꼭 자존감이어야만 할까?', '어떻게 자존감의 부작용을 줄이고 긍정적인 효과를 취할 수 있을까?' 등에 대해 먼저 고민해 본 후, 자존감을 추구해도 늦지 않습니다. 무작정 쫓느라 진지하게 고민해 보지 못했던 '자존감', 그 자체부터 이야기해 보면 지금까지와는 다른 행복을 만날지도 모릅니다.

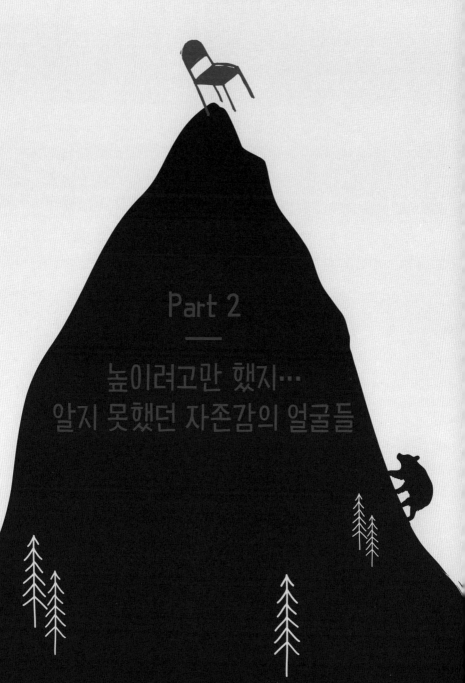

Part 2
—

높이려고만 했지…
알지 못했던 자존감의 얼굴들

과학적인 인문학=심리학,
그리고 자존감

심리학心·理學. Psychology 은 어떻게 탄생한 학문일까요? 자존감의 다른 측면을 살펴보기에 앞서 먼저 심리학의 기원과 정체성에 대해 한번 생각해 보려고 합니다. 학자들에 따라 다른 의견이 있을 수 있지만 일반적으로 통용되는 심리학의 정의定義는 다음과 같습니다.

　　심리학 : 인간의 생각이나 행동의 원인을 과학적으로 탐구하

는 학문

심리학의 출발점은 철학입니다. 심리학과 철학은 연구 주제가 같습니다. 바로 '인간'입니다. 사랑, 우정, 질투, 공격성, 이타성, 도덕성, 행복, 낙관성, 비관성, 외향성, 신경증, 우울, 불안 등 인간의 내면과 관련된 모든 것이 곧 이 학문들의 주 연구 주제입니다.

동일한 주제를 다루면서도 심리학은 왜, 어째서 철학으로부터 분리되어 독자적인 정체성을 구축할 수 있었을까요? 연구 주제를 어떻게 연구하느냐, 즉 연구 방법이 달랐기 때문입니다. 심리학은 인문학적 주제에 대해 과학적 연구 방법론을 사용하기 시작했습니다. 사랑, 이성, 감정 등 마음에 관한 추상적인 개념들을 수치 및 계량화한 것이지요. 실제로 심리학자들은 연구 대상 및 연구 과정에서의 과학적 엄밀성을 무척 중요하게 여깁니다. 연구의 목적 역시 인간(의 심리 현상) 및 인간을 둘러싼 외부 환경에 대한 관찰, 기술, 예측, 통제입니다. 다른 과학 분야가 그러하듯 심리학의 연구 대상도 관찰 가능하고 측정 가능하며 반복 검증이 가능해야 합니다. 심리학자들은 이러한 과정을 거쳐 인류 보편적으로 적용 가능한, 마음에 관한 각종 이론과 법칙들을 발견했습니다. 현대의 심리학은 엄연히 과학Science의 한 분야입니다. 그래서 저는 심리학을 '과학적인 인문학'이라고 표현하기도 합니다.

심리학자는 무척 '예민한' 과학자입니다. 기본적으로 심리학이 다루는 마음이라는 실체가 매우 불분명하기 때문입니다. 어떤 대상을 연구하려면, 적어도 우리가 그 대상을 물리적, 감각적으로 알아챌 수 있어야 수월하게 연구할 수 있겠지요. 그러나 마음에는 모습도, 빛깔도, 형태도, 소리도, 향기도 없습니다. 그래서 심리학자들은 늘 불안하고 예민합니다. 마음 연구를 하고 있으면서도 확인할 수 있는 실체가 없으니, 늘 고민합니다. '내가 지금 제대로 연구하고 있는 게 맞을까?' 하고 말이죠.

매우 엄밀하게 접근한다면 심리학은 그저 이론적 예측이나 수치, 패턴 등을 빌려 마음이 실제로 존재한다는 것을 잠정적으로 가정하고 있을 뿐입니다. 그것을 토대로 인간의 마음속에 심리학자들이 예상하는 심리적 속성들이 정말 존재하는지, 실제로 존재한다면 그것을 어떻게 정확히 측정해낼 수 있을지, 두 개 이상의 심리 요소들의 관계는 또 어떻게 알아내야 하는지 등 문제를 푼다는 것은 결코 쉬운 일이 아니지요. '사랑'을 어떻게 수치로 표현할 수 있을까요? '행복'을 관찰할 수 있을까요? 세상에는 사랑, 행복의 정의가 매우 다양하기 때문에 심리학자들은 혼란스럽습니다. 이는 심리학자들이 가장 어려워하는 조작적 정의Operational Definition 의 문제입니다.

조작적 정의란 연구하고자 하는 대상을 구체적으로 측정, 계량화 하기 위해 필요한 정의를 말합니다. 가령 '외로움'의 사전적 정의는 '홀로 되어 쓸쓸한 마음이나 느낌'이지만, 조작적 정의에서는 '하루 동안 혼자 지내는 시간(분)의 총량' 혹은 '일주일에 1회 이상 정기적으로 연락하는 타인의 수' 등으로 규정할 수 있습니다.

본격적으로 자존감을 이야기하기에 앞서 심리학을 이야기한 이유가 바로 여기에 있습니다. 우리가 자존감에 대해 제대로 알기위해 절대 간과해서는 안 되는 부분이 바로 조작적 정의 및 측정에 대한 부분입니다. 사실 생각해 보면 우리가 지금 다루고 있는 자존감은 어떠한 분명한 실체가 없습니다. 눈에 보이지도 않고, 맛도, 빛깔도, 향기도 없죠. 물론 문학적으로 다루는 경우는 제외하고요. 결론적으로 추상적이고 애매모호한 심리 현상인 자존감을 다루는 여러 콘텐츠를, 우리 삶의 일부로 진지하게 수용하려면 얼마나 근거 있는 이야기인지 엄격한 증명을 요구하는 것은 당연한 일입니다.

자존감 열풍이 부는 요즘, 주위를 조금만 둘러봐도 자존감에 대해 이야기하며 '이래야 한다'는 주장이 차고 넘칩니다. 그 많은 이야기 중 우리는 어떤 이야기를 사실에 가까운 것으로 믿고 자존감 가꾸기의 실천 근거로 받아들여야 할까요? 자존감을 연구하는 것이 어렵다는 사실을 이해해야만 올바른 정보, 그릇된 정보를 가려내는 분별력을 기를 수 있습니다. 그럼 지금부터 잠시 우리 모두가 심리학자가 한번 되어 봅시다. 마음을 연구하는 전문가로서, '자존감'을 정확히 측정할 수 있는 방법에 대해 한번 생각해 보도록 할까요?

자존감의 수준은
어떻게 측정할 수 있을까?

상대의 자존감이 높은지, 낮은지를 알아낼 수 있는 가장 쉽고 간단한 방법은 무엇일까요? '당신은 자존감이 높습니까? 예/아니오로 답해 주세요.' 하고 묻는다면 우리는 상대방의 자존감에 대한 가장 기초적인 정보를 얻은 셈입니다. 동일한 내용의 질문을 여러 사람들에게 반복적으로 한다면 우리는 다음과 같은 응답의 풀pool 을 구성할 수 있습니다.

당신은 자존감이 높습니까?
(응답자 43명)

예 예 예 예 아니오 예 아니오 예 예 아니오 아니오 예 아니오 아니오 예 예 아니오 예 예 예 예 아니오 아니오 아니오 아니오 아니오 예 아니오 예 예 예 아니오 예 아니오 예 예 아니오 예 아니오 아니오

답변을 '예/아니오'로 매우 간단하게 수집했으므로 응답 값을 분류하는 것도 매우 쉬운 일입니다. 가령 다음과 같이 말이죠. "'예'라고 응답한 사람이 24명이고(약 55.8%), '아니오(약 44.2%)'라고 응답한 사람이 19명이군. 이 사람들 중에서는 자존감이 높은 사람들이 낮은 사람들에 비해 더 많다고 결론을 내릴 수 있겠어." 자, 이로써 자존감 측정과 분석을 끝내고, 사람들의 자존감에 대한 자료를 갖게 되었습니다.

그러나 이러한 측정 방식에는 중요한 한계점이 존재합니다. 응답자 간 상대적인 비교가 어렵지요. 전체 응답에 참여한 사람들의 자존감 수준이 실제로는 저마다 다르더라도 '예' 혹은 '아니오'로만 응답할 수 있으니, 응답자 간 자존감의 높낮이가 얼마나 차이가 나는지 위 자료로는 식별할 수 없습니다. 그래서 우리에게는 자존감을 더 잘 측정하도록 도와주는 또 다른 도구, 리커트 척도Likert Scale가 필요합니다. 응답 값을 '예/아니오' 대신 '얼마나 동

당신은 자존감이 높습니까?
(응답자 43명 / 1=전혀 동의하지 않음, 4=보통, 7=매우 동의함)

```
5 7 4 2 2 3 2 7 6 4 7 3 3 2 3 3 4 2 1 5 2 7 6 1 2 2 1 4 2 4 6 4 3 5
7 7 7 2 2 1 1 4 2 3 5 6 6 4 5 6 3 5 2 2 1 3 3 4 1 3 4 1 5 2 6 3 5 2
6 3 3 2 6 2 5 5 1 6 2 5 3 3 3 3 3 4 5 2 3 …
```

의하는가'에 따라 다섯 구간, 일곱 구간 등으로 세분화시키면 우리는 응답자 각각의 자존감 점수를 좀더 세밀하게 조사할 수 있습니다.

선택지를 확대시키면 응답자 간의 자존감 점수 비교가 가능합니다. 예를 들어 A의 점수는 3점이고, B의 점수가 5점이라면 우리는 다음과 같은 판단을 내릴 수 있습니다. "B의 자존감 점수가 A의 자존감 점수에 비해 '2점'만큼 더 높구나." 또 다른 예로 C의 점수가 2점이고, D의 점수가 7점이라면 우리는 두 응답자 간 자존감 점수가 5점만큼 차이난다고 이해할 수 있습니다. 그리고 두 사례를 종합해 이렇게도 말할 수 있습니다. 'A와 B 사이의 차이보다, D와 C 사이의 차이가 더 크다.'

리커트 척도로 세분화해 점수 값을 측정하면 집단 전체의 응답 경향성을 쉽게 파악할 수 있습니다. 즉, 가장 많은 응답을 쉽게 알아볼 수 있는 평균, 중위값, 백분위수 등을 산출해낼 수 있으며 그래프로 나타내는 것도 가능합니다. 이처럼 리커트 척도 방식에 따른 측정은 앞선 '예/아니오' 이분법 조사 방식에 비해 장점이 많습니다.

그러나 안타깝게도 위와 같은 자존감 측정 방식에도 간과할 수 없는 문제점이 있습니다. 그것도 아주 중요한 문제, 바로 '자존감이란 무엇인가?'에 대한 깊은 고찰이 전혀 담겨 있지 않다는 점입니다. 응답자들에게는 자존감의 정의와 성격에 관한 명확한 기준이 제시되지 않았습니다. 그에 따라 응답자들은 각자가 생각하는 자존감의 의미나 기준에 따라 나름의 판단을 내렸을 가능성이 높습니다. 응답자들은 서로 다른 기준으로 자존감 점수를 냈을 가능성이 높으니, 응답자 간 점수를 비교하는 것은 무의미한 일이 될 수 있다는 의미입니다. 예를 들어 보겠습니다.

여기 A와 B, 두 사람이 있습니다. A는 쾌활한 성격이며, 새로운 사람들을 만나 친해지는 것에 별다른 어려움을 느끼지 않습니다. 자신의 매력을 상대에게 적극적으로 드러내는 것에 익숙하며 화술이 뛰어나 대화를 주도하는 것에 능숙합니다. 사람들은 종종 그런 A씨의 풍부한 인맥과 사교 능력을 칭찬하곤 했습니다. 한편 B씨는 낯을 많이 가리는 성격이라 사람 사귀는 일을 많이 어려워합니다. 또한 심성이 여려 다른 사람들의 좋지 않은 평가에 무척 민감하게 반응하곤 했습니다. 그래서 B씨는 혼자 지내는 시간이 많

앞으며, 어쩌다 다른 사람 앞에 나설 기회가 생기면 부끄럽거나, 위축되어 할 말을 미처 하지 못하는 경우가 잦습니다.

A와 B 모두를 아는 사람들은 자연스럽게 A가 B보다는 자존감이 더 높을 것이라 생각했습니다. A씨는 언제나 사람들 앞에서 당당한 모습이었습니다. 그러나 B씨는 우물쭈물했고, 잔뜩 움츠린 모습을 보일 때가 많았습니다. 그러나 A와 B가 그들 스스로에게 매긴 자존감 점수는 사람들이 예상하던 것과는 사뭇 달랐습니다. A는 자존감 평가에 대해 매우 엄격한 기준을 가지고 있었기에 '2점(거의 동의하지 않음)'으로 응답한 반면, B는 매우 온건한 기준을 가지고 있어 '6점(대체로 동의함)'을 매겼습니다.

이렇게 서로 자존감에 대해 가진 기준이 다르다면 우리는 두 사람 간 자존감 수준의 차이가 약 '4점'만큼 난다고 결론을 내리기 어려워집니다. 아마 측정 전 두 사람에게 자존감에 대한 명확한 공통 기준을 제시하거나 좀 더 종합적인 형태의 측정 도구가 마련되어야만 하겠지요.

심리학자들은 자존감 등 심리 개념을 측정할 때 단일 문항으로 묻기보다는, 가능한 여러 문항들이 포함된 검사지를 많이 활용합니다. 예를 들어 자존감을 측정하는 데 가장 널리 활용되고 있는 로젠버그 자존감 척도Rosenberg's Self-esteem Scale는 '나는 내가 다른 사람들처럼 가치 있는 사람이라고 생각한다', '나는 대부분의 다른 사람들과 함께 일을 잘 할 수 있다', '나는 내 자신에 대해 긍정적인 태도를 가지고 있다' 등 총 10개의 문항으로 구성되어 있기에 단일 문항으로 자존감을 측정하는 경우에 비해 상대적으로 타당도가 더 높다고 말할 수 있습니다.[22] 가령 국내의 한 심리학 연구에서는 자존감을 측정하기 위해 "자신-타인에 의한 인정('내가 이 세상에서 매우 필요한 사람이라고 생각한다', '직장, 학교, 가정 등에서 열심히 한다고 인정받고 있다' 등)", "타인으로부터의 인기('사람들은 내가 있어야 재미가 있다고 한다' 등)", "신체적 매력-외모('이성에게 내 보이고 싶을 만큼 당당한 신체를 가지고 있다' 등)", "경제력('가족들이 원하는 물건을 사 줄 만한 경제력이 있다')", "사회봉사('불쌍한 사람을 기꺼이 돕는다', '어려운 사람을 도와주는 활동을 많이 하는 편이다' 등)" 등 총 78개의 문항을 제안했습니다.[23]

정답은 없다, 그래서 내 기준이 정답이 될 수도 있다

그러나 실제 연구자들이 자존감 측정을 위해 널리 활용하고 있는, 여러 문항을 이용하여 응답을 유도하는 이 방식에도 여전히 한계점은 존재합니다. 이는 자기보고식Self-report 척도가 갖는 한계입니다. 대개의 자존감 측정은 응답자 스스로가 자신의 행동적·

심리적 특징을 떠올린 후 적합하다고 생각하는 응답 값을 기록하는 방식입니다. 응답자의 주관적인 판단이 관여되기 때문에 객관성의 문제가 제기됩니다. 예를 들면 스스로를 긍정적이고 더 나은 사람으로 보이도록, 즉 사회적 바람직성Social Desirability이나 인상 관리Impression Management를 위해 응답자는 자신의 대답을 의도적으로 왜곡할 수 있습니다. 정작 스스로는 자존감이 낮다고 생각하더라도 '자존감이 높은 것이 좋은 것이다'라는 사회적인 시선에 맞춰서, 혹은 자존감이 높은 사람으로 보이고 싶은 스스로의 바람에 따라 검사상 자존감 점수가 높게 측정되도록 만들 수 있습니다.

이 외에도 자존감 측정 시 잊지 말아야 할 것이 있습니다. 우선 자존감을 측정할 수 있는 척도들이 다양하다는 점을 기억해야 합니다. 자존감에 대한 서로 다른 생각을 가진 심리학자들이, 서로 다른 평가, 측정 기준을 가진 자존감 척도를 만들어 사용해 왔습니다. 우리들은 도대체 어떤 기준이 더 나은 것인지 알기 어렵습니다. 만약 A 자존감 척도에서는 높은 점수를 받은 사람이 B 자존감 척도에서는 낮은 점수를 받았다면, 우리는 이 엇갈리는 결과를 어떻게 해석해야 할지 아마도 무척 난감하겠지요.

우리의 말과 행동은 다를 가능성이 높다는 점도 상기해야 합니다. '자존감이 높다'고 말하는 것과 실제 자존감이 넘치는 행동을 하느냐는 것은 서로 다른 일입니다. 예를 들어 H라는 사람이 '저는 매우 외향적입니다.'라고 자신을 소개했습니다. 그러나 그를 꾸준히 관찰해 본 결과, 평소 혼자 있는 시간이 많고 다른 사람들과 연락을 잘 주고받지 않았습니다. 사람들 앞에서 말하기를 매우 두려워해서 회의를 할 때에도 의견을 잘 내지 않습니다. 여럿이 함께 하는 자리에서는 누군가와 어울리지 않으며, 혼자 서성이는 모습을 자주 보이곤 했습니다. 이를 보며 우리는 H가 주장한 '외향적'이라는 말의 진정성을 의심하게 될지 모릅니다. 뭔가 스스로가 단단히 착각을 하고 있다거나 외향적인 사람처럼 보이기 위해 거짓으로 자신을 꾸미고 있다고 생각하겠지요. 자존감에 대해서도 역시 마찬가지입니다. 그 사람의 자존감은 정말 높을까요? 우리가 그 사실을 알려면 단지 그의 주장을 듣는 것만으로는 부족합니다. 그 사람의 자존감을 더 정확하게 측정하기 위해 우리는 '자존감이 높다'는 것에 대한 조작적 정의를 세워볼 수 있습니다. 자존감이 높다고 알려진 사람들이 실제로 어떻게 행동하는지를 두루 알아본 후, 다음과 같은 새로운 자존감 측정 기준을 마련해 보는 겁니다.

- 다른 사람들 앞에서 적극적이며 분명하게 자신의 의견을 개진하는가?
- 평소 해 보지 않았던, 새로운 일에 자주 도전하는 편인가?
- 직장 동료들은 그를 어떤 사람으로 평가하는가?

- 사람을 사귀는 패턴은 폐쇄적인가, 개방적인가?
- 자발적으로 나서서 일을 주도하는 편인가?
- 다른 사람들의 부정적 평가에 대해 어떻게 반응하는가?
- 자신의 능력, 흥미, 가치관 등을 긍정적으로 평가하는 말을 얼마나 자주 하는가?
- 행복이 그저 운에 달려있다고 말하는가, 아니면 자신의 노력 여하에 따라 달라질 수 있다고 말하는가?

많은 이들이 자존감에 관심을 갖고 흥미로운 점들을 발견해 왔습니다. 그러나 '자존감을 어떻게 측정할 것인가'의 문제가 남아 있는 만큼 자존감을 완전히 정복했다고 말하기에는 아직 모호하거나 풀리지 않은 부분들이 많은 것 또한 사실입니다. 이 때문에 우리에게는 일단 한 발자국 떨어져 지켜볼 줄 아는 여유가 필요합니다. 즉, 자존감에 대한 집착과 환상을 내려놓고, 앞으로 새롭고 더욱 신빙성 있는 자존감 이야기가 발견될지 기다려 보는 것이 좋습니다.

자존감 연구들이 아직 완전치 않다는 사실은 한편으로 높은 자존감을 추구하는 우리들의 마음을 더욱 가볍게 만들어 주기도 합니다. 아직까지 자존감과 관련해 '정답', '진실'이라고 할 것은 없기 때문입니다. 현재 우리에게는 자존감이란 무엇이며, 높은 자존

감의 의미가 무엇일지 주체적으로 생각해 보고 건강한 자존감을
추구하는 방법을 고민해 볼 수 있는 자유가 있으니 오히려 즐겁고
다행스러운 일일지 모르지요.

자기애의 두 얼굴,
나르시시즘과 자존감

자신의 가치를 높이고 싶은 욕망에서 생기는 자기에 대한 사랑. 표준국어대사전에서 '자기애' 항목을 찾아보면 가장 먼저 등장하는 정의입니다. 흔히 '자신을 존중하고 사랑하는 마음'으로 알려진 자존감과 자기애는 어떤 차이가 있을까요? 자기애=자존감, 즉 사실상 두 개념이 동일하다고 봐도 좋은 걸까요? 우리가 일상에서 '자기애'라는 말을 사용할 때, 혹은 그것이 사용되는 맥락을 고려하면 사실 자존감보다 더 먼저 떠오르는 개념이 하나 있습니다.

바로 '나르시시즘Narcissism'입니다.

나르시시즘의 사전적 의미는 '자기 자신을 사랑하는 일, 또는 자기 자신이 훌륭하다고 여기는 일'입니다. 나르시시즘이라는 말과 의미는 그리스 신화에 등장하는, 물가에 비친 자신의 모습을 사랑하고 끝없이 갈구하다 결국 비극적인 최후를 맞이하고 만 나르키소스의 이야기에서 유래했다고 전해지지요. 심리학에서는 그 유명한 정신분석학자 지그문트 프로이트Sigmund Freud가 그의 저작물 가운데 하나인 『On Narcissism: An introduction』(1914)에서 나르시시즘 개념을 소개한 것을 계기로 본격적인 나르시시즘 탐구가 시작됐다고 합니다.

심리학자들은 나르시시즘을 본래 자기애성 인격장애Narcissistic Personality Disorder, 즉 정신병리학적 관점에서 주로 다뤄 왔습니다. 그러나 1980년대 후반 무렵, 나르시시즘적 성향이 사람들 사이에서 보편적으로 나타날 수 있는 성격 중 하나로 간주되면서 일반인들을 대상으로 한 나르시시즘 연구가 증가했습니다. 오늘날 가장 널리 활용되는 나르시시즘 측정 도구의 하나인 나르시시즘 성격 척도Narcissistic Personality Inventory를 만든 레스킨Raskin과 테리Terry는 나르시시즘적 성격을 구성하는 하위 요소로 권위, 우월성, 과시와 착취, 특권 의식 등을 제안했습니다.[24] 예를 들어 '나는 내가 당연히 얻어야 하는 것을 얻을 때까지 만족하지 않을 것이다', '나는 사람들에게 영향력을 행사하는 타고난 능력이 있다', '나는 모든 사람들의 관심의 대상이 되는 것을 좋아한다' 등에 긍정적으로 대답한다면 나르시시즘적 성격을 갖고 잇는 것이지요. 비록 약간의 논란은 있지만, 레스킨과 테리가 제시한 여러 요소들은 여전히 나르시시즘적 성격의 주요 특징으로 받아들여지고 있습니다.

자존감은
타인을 사랑하는 마음이다

A씨는 직장 동료들 사이에서 인기가 많다. 매사 자신감 넘치고 당당한 것은 물론, 언제나 깔끔하고 화려하게 차려입은 모습에 호감을 느끼는 사람들이 많다. A씨는 자신을 향한 사람들의 시선이 흡족하다. 지금보다 더 출세하기 위해서는 분명 더 많은 사람들과 알고 지내며 호감을 쌓는 것이 더 유리하다고 생각한다. 실제로 지금까지 A씨가 나름 출세가도를 달릴 수 있었던 데에는, A씨의 그런 풍부한 인간관계의 덕이 무척 컸다.

그러나 A씨에게는 남모를 고민이 하나 있다. 자신을 찾는 사람들은 많지만 그는 줄곧 외로웠다. 속내를 솔직히 털어놓는 등 사람들에게 인간적으로 다가서고 도움을 청해 볼까 생각해 봤지만 도저히 마음이 내키지 않았다. 그동안 자신이 사람들을 '이용'해

왔던 만큼 그들 역시 자신을 이용할 것이라는 걱정 때문이었다. 설사 이용당하는 것으로 잠시 누군가의 마음을 얻을 수 있을지라도, 언젠가 이용할 가치가 사라진다면 결국 자신은 버려질 것이라 생각했다. 생각 끝에 결국 A씨는 자신이 아직 충분히 강하지 못하기 때문에 외로움을 느낀다고 결론지었다. 그는 다짐했다. 다른 사람들 사이에서 우위를 점하려면 결코 경계를 늦출 수 없으며, 내 약점들은 반드시 독毒이 되어 돌아올 것이니 철저히 숨기겠다고 말이다.

B씨는 언제나 밝고 명랑하다. 언제나 웃으며 당당한 그녀 곁에는 항상 많은 동료들이 함께 있었다. B씨를 알고 지내는 사람들은 누구나 B의 매력으로 솔직함, 그리고 공감 능력을 꼽는다. B씨는 자신의 단점을 숨기지 않는다. 부족한 점이 있다면 열심히 스스로 노력해 보기도 하고, 다른 사람들에게 솔직하게 털어놓고 도움을 청하기도 한다. 비록 자신이 많은 단점을 가지고 있다고 생각하지만 B씨는 그것을 부끄러워하지 않는다. 지금처럼 혼자 또는 여러 사람의 도움을 통해 한 걸음씩 천천히 나아가다 보면 앞으로 분명 더 나은 사람이 될 것이라 굳게 믿기 때문이다.

한편 그녀는 자신의 일 못지않게 동료들의 일에도 많은 관심을 가지고 있다. 동료의 말을 잘 귀담아들을 줄 알며, 때로 위로나 도움을 주기 위해 자신의 일을 잠시 내려놓는 것 또한 서슴지 않는다. 스스로를 소중한 존재로 여기기에 자신을 위해 노력하지만 결국 세상은 혼자서는 살아갈 수 있는 것이 아니기에, 혼자보다는 여럿이 함께 잘 살 수 있는 방법을 고민하는 것이 더 가치 있다고 생각한다. 그래서 B씨는 일이나 관계에서의 실패 등으로 위축되고, 무기력해진 사람들에게 힘을 주는 것에 능숙한 편이다. B씨는 평소 세상에 쓸모없는 사람은 단 한 명도 없다고 생각했다. 누구나 자신만의 매력이 있기 때문이다. B씨는 다른 사람들이 스스로 자신이 가진 매력을 발견하고 표현할 수 있도록 묵묵히 옆에서 지켜봐 주는 것을 중요하게 생각한다.

나르시시즘은 자존감과는 어떤 관련이 있을까요? 사실 나르시시즘에 대한 연구들과 자존감에 대한 연구들을 비교해 보면 서로 유사하면서도 다르다는 인상을 받게 됩니다. 먼저 이들 간의 유사성을 살펴보겠습니다. 예를 들어 나르시시즘 성향이 높은 이들에게는 자아가 목숨 그 이상으로 소중합니다. 따라서 자아가 위협받는 상황이 오면 어떻게든 수단과 방법을 가리지 않은 채 자아를 보호하려는 한편, 자아를 공격하는 외부 대상을 무너뜨리려 매우 공격적인 태세를 취하는 경향을 보입니다.[25]
나르시시스트의 이러한 특징은 앞에서 살펴보았던 '자존감의 부작용'을 생각나게 합니다. 나르시시스트들과 마찬가지로 자존감이 높은 사람들도 공격적으로 행동할 수 있습니다. 소중히 쌓아올린 자존감에 상처가 나는 것이 두렵고, 따라서 그것을 지켜내고자 자연스럽게 외부 위협에 대한 반발 심리를 갖게 되기 때문입니다. 자신을 사랑하고, 지키기 위해 무서운 칼을 빼들 수 있다는 측면에서 자존감과 나르시시즘은 서로 닮아 있습니다.

반면 타인을 대하는 태도를 보면 나르시시즘과 자존감의 차이를 알 수 있습니다. 나르시시스트들에게 타인이란 '이용할 수 있는 대상'에 지나지 않습니다. 즉 타인을 자신의 도구로 여기기 때문에 나르시시스트들에게 '좋은 사람'이란 그들 자신의 우월성 과시 및 사회적 성취에 실질적인 도움을 줄 수 있는 사람입니다. 그래서 나르시시스트들은 상대가 자신과의 관계에 헌신하지 않거나 이용 가치가 사라졌다고 판단되면 얼마든지 그 인연을 내치고 새로운 사람을 사귀려고 합니다. 나르시시스트들의 이러한 관계 방식은 업무 등으로 연결된 공적인 관계에서도, 연인 및 배우자와의 관계 등 사적인 면에서도 일관적으로 관찰됩니다.[26] 결론적으로 나르시시스트들에게 중요한 대상은 오로지 자기 자신뿐입니다. 타인의 행복과 안녕에는 상대적으로 무관심한 것이지요.

그렇다면 자존감이 높은 사람들은 어떨까요? 이들은 나르시시스트들과 달리 타인을 대하는 자세가 매우 안정적이고 관용적인 것으로 알려져 있습니다. 단적으로 비교하자면 나르시시스트는 자신의 행복에만 관심이 있지만 자존감이 높은 사람들은 자기 자신은 물론, 다른 사람들의 행복에도 많은 관심을 갖습니다. 실제로 나르시시스트들과 달리 자존감이 높은 사람들이 친사회적 행동Prosocial Behavior에 더 몰두하고, 이로부터 만족감을 추구하려 한다는 것이 연구를 통해 밝혀지기도 했습니다.[27]

우리는 자기애, 자존감, 나르시시즘 이 세 용어의 의미를 명확하게 구분하지 않고 사용하는 편입니다. 자기애, 자존감, 나르시시즘. 서로 다른 듯 비슷한 이 개념은 사실 면밀히 연관되어 있습니다. 나르시시즘과 자존감은 자기애의 일부입니다. 자기애라는 개념 속에 들어 있는 두 개의 자화상'Two Portraits of Self-love'인 셈이지요. 자존감과 나르시시즘이 서로 다르면서도 또 묘하게 닮아 있는 이유이기도 합니다.[28] 실제 심리학 연구에서도 자존감과 나르시시즘은 통계적으로 유의미한 수준으로 함께 상승하는 상관관계가 꾸준히 관찰됩니다. 즉, 자존감 수준이 높을수록 나르시시즘 수준이 높고, 반대로 나르시시즘 수준이 높을수록 자존감 수준이 마찬가지로 높게 나타나는 경향을 보입니다.

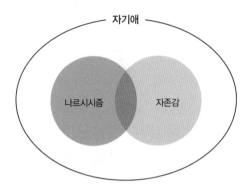

　자기애의 두 측면인 자존감과 나르시시즘은 비슷한 점이 많습니다. 눈에 보이지도, 잡히지도 않는 마음의 문제이다 보니 '이것은 자존감이다', '저것은 나르시시즘이다' 등 분명하게 구분하는 것은 쉽지 않은 일입니다. 결론적으로 우리는 자존감에 대한 내용들을 접할 때 나르시시즘의 그림자를 항상 예의주시할 필요가 있습니다. 나르시시즘을 높은 자존감이라고 착각할 수 있기 때문입니다. 물론 자존감을 연구하는 일부 심리학자들은 나르시시즘의 숨은 영향력을 제거하고, 자존감만의 순수한 영향력을 검증하기 위한 여러 통계적인 방법들을 활용하기도 합니다. 그러나 쉽게 접할 수 있는 자존감에 대한 이야기 중에는 나르시시즘에 대해 고려하지 않은 것들도 상당수 있어 신중한 접근과 해석이 필요합니다.

자존감의 문화심리학
'동양인은 서양인보다
자존감이 낮다?'

여행을 좋아하시나요? 일상을 탈출한다는 설렘, 눈앞에 펼쳐질 새로운 경치, 여행 도중에 만날 낯선 사람들에 대한 기대감, 평소 접해 볼 수 없었던 먹을거리 등 각기 다른 이유로 많은 사람들이 여행을 즐기고 있습니다. 여행을 다녀온 후에는 많은 사람들이 '삶을 돌아볼 수 있는 계기가 되었다'고 말합니다. 지금까지와는 다른 곳에서, 자신과 다른 모습으로 살아가는 수많은 사람들을 보는 일은 현재 처한 상황이나 향후 삶의 목표 등을 한걸음 떨어져 조망할 수 있는 여유와 안목을 가져다줍니다. 자존감에 대한 우리의 시각도, 다른 곳으로 여행을 떠남으로써 새롭게 바꿀 수 있습니다. 다른 문화권에 사는 사람들은 자존감을 어떻게 이해하고 있을까요? 서양인의 자존감과 동양인의 자존감 수준은 같을까요, 다를까요? 문화와 자존감 사이에는 어떤 관계가 있을까요? 분명한 것은 그들의 자존감과 우리의 자존감은 다르며, 앞선 질문들을 통해 우리는 자존감에 대해 지금보다 더 깊이 이해할 수 있다는 사실입니다.

우선 문화가 무엇인지 살펴보겠습니다. 우리가 일상에서 '문화생활을 누린다' 할 때의 문화는 '편리한 것', '세련된 것', '교양적인 것' 등을 의미합니다. 이를 가리켜 문화의 좁은 의미라고 하지요. 그러나 넓은 의미에서 보자면 문화란 인간다운 삶 그 자체를 규정하는 개념입니다. 자연 상태에서 벗어난 인간은 집단을 이루고 사회와 문명을 만들었습니다. 태어나서 죽음을 맞는 순간까지 우리들은 전통, 관습, 규칙, 법, 윤리 등에 따른 질서 있는 삶을 살아갑니다. 이러한 삶에 적응하는 과정을 우리는 사회화Socialization라고 부르는데 여기에는 구체적으로 우리가 먹고, 마시고, 일하고, 놀며, 휴식하는 모든 생활 양식들이 포함됩니다. 결국 인간이 살아가는 모든 방식들을 곧 문화라고 할 수 있습니다.

문화는 우리의 삶에 지대한 영향을 미칩니다. 무엇을 배우고 살 것인지, 무엇을 믿고 따르며 살 것인지, 무엇을 중요하게 여기며 살 것인지 등 삶의 본질적인 영역에 나름의 답을 찾도록 도와주는 것이 바로 문화입니다. 이때 문화는 인간이 향유할 수 있는 다양한 '의미들의 꾸러미'라고 보아도 무리가 없을 겁니다. 흥미로운 것은 인간의 삶 전반을 지배하는 문화라는 것이, 지구촌의 다양한 환경 속에서 매우 다양한 모습으로 나타난다는 점입니다. 아직 세상이 좁다고 믿었던 과거에, 사람들은 '문화와 나', '문화와 우리'에 대해 고민하는 것으로 충분했습니다. 그러나 근대 이후 국제화, 세계화의 흐름이 시작됐습니다. 비로소 국가, 민족의 장벽을 벗어나 세계의 다른 곳으로 향한 사람들은 드디어 깨닫게 됩니다. 문화가 하나가 아니라는 사실을 말입니다.

문화가 다르다는 것은 문화마다 서로 다른 가치와 의미를 보유하고 있음을 의미합니다. 즉 동일한 대상, 현상에 대해서도 문화에 따라 사람들이 생각하고 접근하는 방식이 달라집니다. 다른 생각과 접근은 다른 결과와 의미를 낳습니다. 문화권에 따라 어떤 생각과 행동이 더 가치가 큰지, 그래서 어떤 행동들이 '규범'으로서 장려되고 사회 구성원들의 긍정적 지지를 이끌어낼 수 있는지 그 여부가 달라집니다. 이를 자존감의 문제와 연결해 생각해 보겠습니다. 자존감을 증진하고 지키는 데에는 크고 작은 성취가 필요합니다. 그러나 우리가 활용할 수 있는 시간과 노력, 비용의 양은 한정되어 있는 바, 자존감을 높여줄 것으로 기대되는 여러 사건 가운데 우리는 가능한 개인 스스로도, 문화적으로도 가치 있는 활동들을 선택하고 추구해야 합니다. 그래야 다른 사람들의 지지를 받을 수 있고, 이것은 곧 우리의 자존감을 지켜줄 수 있는 자존감 네트워크로 귀결될 수 있기 때문입니다. 나중에 더 자세히 이야기하겠지만, 여기에서 말하는 자존감 네트워크란 개개인의 자존감을 지키는 데 도움을 줄 수 있는, 나에게 호의적인 가족, 친구, 직장 동료, 연인 등의 존재를 의미합니다. 이런 맥락하에 그동안 많은 심리학자들이 자존감과 문화의 관계에 대한 비교문화cross-cultural 연구를 진행하였습니다. 대개 연구의 목적은 두 가지였습니다. 첫째, 문화권에 따른 사람들의 자존감 점수는 얼마나 차이가 나는가? 둘째, 만약 자존감 점수의 차이가 실제로 존재한다면 그 차이는 어디에서 기인하는 것인가?

개인주의 vs 집단주의

문화를 구분하는 기준은 매우 다양하지만, 그동안 가장 많이 활용된 것은 개인주의Individualism－집단주의Collectivism 문화권의 구분입니다. 먼저 서양인들이 속한 개인주의 문화권에서는 보통 집단보다는 개개인의 주체성, 자율성 등을 중시한다고 알려져 있습니다.

특히 개인주의 문화권에서 '개인'의 의미는 비록 규모는 작더라도 혼자서도 모든 기능을 수행할 수 있는, '작은 완성체'의 모습에 가깝습니다. 한 개인의 마음속에는 아직 다 발현되지 못한 놀라운 잠재력이 숨어있고, 그 잠재력을 주체적으로 실현하여 자기 성숙, 완성에 이르는 것이 개인주의 문화권 내 개인의 최대 목표입니다.

반면 집단주의 문화권에서는 개인보다는 집단의 조화, 화목, 유지, 번영 등이 더 중시됩니다. 개인주의 문화권에서는 상상할 수 없는 일일지 모르나 집단의 이익을 위해 '개인'이 희생하는 일들이 '미덕'으로 간주되기도 합니다. 집단주의 문화권에서의 '개인'의 의미는 거대한 단일 기능체에 기여하는, 불완전한 개별 요소들로 이해됩니다. 혼자서는 이렇다 할 능력을 발휘할 수 없으나 여럿이 함께 할 때 비로소 단순한 합 그 이상의 시너지를 낼 수 있다고 보는 것입니다.

자존감에 대한 비교문화 연구를 수행한 심리학자들은 개인주의 문화권의 사람들이 집단주의 문화권의 사람들보다 더 높은 자존감 수준을 보인다는 증거를 발견합니다. 몇몇 연구들은 캐나다 사람들과 일본 사람들의 자존감 점수를 비교해, 일본 사람들의 자존감이 전반적으로 낮게 나타난다는 사실을 보고했습니다.[29] 다른 연구에서는 실험에 참여한 홍콩 사람들의 자존감 수준이 미국 사람들의 자존감 수준보다 전반적으로 낮게 측정되기도 했습니다.[30]

집단주의의 자존감은
개인주의의 것과는 다르다

이러한 증거들을 바탕으로 '집단주의 문화권의 사람들은 일반적으로 낮은 자존감을 갖고 있다'라고 결론을 내리는 것이 맞을까요? 집단주의 문화권 사람들의 자존감이 더 낮은 이유는 그들의 노력이 부족하기 때문일까요? 사실 자존감과 문화에 대해 연구하는 심리학자들 중에는 이에 비판적인 관점을 취하고 있는 경우가 많습니다. 우선 두 문화권 사이에 존재하는 가치관이 본질적으로 다르고 따라서 '자존감'을 규정하고 수용하며 추구하는 방식 역시 문화권에 따라 다르다고 생각하기 때문입니다.[31] 심리학자 디너 Diener는 31개국 총 13,118명의 데이터를 수집, 자존감과 삶의 만족도 Life Satisfaction 간의 관계를 검토했습니다. 그 결과 자존감을 중요하게 여기는 정도가 문화권에 따라 서로 다를 수 있음을 지적합니다.[32] 개인주의 문화권에서는 집단이나 조직보다는 개인이 상대적으로 더 중시됩니다. 개개인들이 자신만의 성격, 재능, 기호 등을 가치 있게 여기고, 그것을 주체적으로 잘 발휘하며 살아가는 모습을 가장 이상적인 형태로 봅니다. 그런 이유로 개인주의 문화권에서는 자기 가치에 대한 인식과 관련이 깊은 자존감이 매우 중요한 삶의 요소입니다. 그러나 집단주의 문화권의 사람들은 개성의 발현보다는 집단에의 융화 및 협력을 더 중요한 가치로 여깁니다.

개개인이 모두 자율적으로 생각하고 행동한다면, 집단 내 모든 구성원이 뭉쳐 하나가 되는 데 걸림돌이 되기 쉽습니다. 그래서 집단주의 문화권에서는 어느 정도 '자기' 가치를 포기하길 권장하기도 합니다. 이런 환경에서라면 개인의 자존감은 덜 중요한 문제가 되겠지요.

또한 심리학자들은 자존감 측정 도구가 편향되어 있다고 지적합니다. 자존감을 측정하기 위해 연구자들이 사용해 온 도구들은 서양인들에 의해 만들어진 것이 대부분입니다. 즉, 서양인을 염두에 두고 만들어진 도구를 동양인들에게 적용시키기에는 무리가 있다는 것입니다.[33] 국내에서도 비슷한 문제가 제기된 적이 있습니다. 한 연구에서는 자존감이라는 개념이 문화권에 따른 사람들의 마음 차이를 제대로 반영하고 있지 못한다는 문제의식에 따라 "개인주의적 요인('나는 하고 싶은 일을 행동으로 잘 옮긴다', '나는 다른 사람들에게 의존하지 않고 나의 일을 스스로 한다' 등)"과 "집단주의적 요인('내가 속한 집단에서 책임과 의무를 다한다', '내가 속한 집단의 조화를 유지하는데 기여한다' 등)"으로 구성된, 집단주의적 문화의 특성을 반영한 새로운 자존감 측정 도구를 제안한 바 있습니다.[34]

이를 증명이라도 하듯 문화와 자존감에 대한 기존의 결과들과 반대되는 연구들이 등장하여 많은 심리학자들의 관심을 받기도 했습니다. 예를 들어 심리학자 슈미트Schmitt와 알릭Allik은 총 53개국에서 수집된 자존감 데이터를 바탕으로 비교문화 연구를 진행했는데 그들은 연구 결과에 대해 다음과 같이 말했습니다.[35]

> 많은 연구자들이 예상한 '집단주의 문화권이 개인주의 문화권에 비해 전반적으로 더 낮은 자존감 수준을 보인다'는 점을 뒷받침하는 증거를 찾을 수 없었다. 게다가 또한 높은 수준의 자존감이 개인주의 문화권만의 독특한 특징이라는 증거 또한 찾지 못했다.[36]

19세기 후반 심리학계의 거물인 윌리엄 제임스William James가 본격적으로 자존감 연구의 서막을 열었습니다. 그 이후로 지금까지 자존감에 대한 수만 건 이상의 방대한 연구들이 누적되어 왔습니다. 그러나 이 많은 자존감 연구 중 거의 상당수는 서양인의 자기관, 문화관에 기초하여 정립되고 측정·연구되어 온 자존감 개념에 기반을 둡니다. 즉, 그동안 널리 알려진 자존감에 대한 내용들이 사실 다른 문화권에 살고 있는 우리들에게는 잘 맞지 않는 옷일 가능성이 있다는 의미입니다. 따라서 현재 한국인들의 자존감이 유의미하게 낮다면, 우리는 그 원인을 문화적인 관점에서도 찾아야 할 필요가 있습니다. 한국인들에게 과연 자존감이란 어떤 의미를 갖는지 진지하게 고민해 봐야 할 시점입니다.

지극히, 한국적인
자존감에 대해

한국 사회 속 자존감 열풍의 문화적 배경을 이해하기 위해 우리가 먼저 살펴볼 것은 바로 '주체성'의 문제입니다. 사실 과거 (비교)문화심리학 분야에서는 주체성을 서양인들의 전유물로 여기던 시기가 있었습니다. 지금은 상당수 빛이 바랬지만 당시에는 '상식'과도 같이 여겨졌던 것이 앞서 다뤘던 개인주의-집단주의의 분류입니다. 서양에는 개인주의 문화권이 보편적이며 주체성, 자율성, 자기완성 등을 주된 가치로 삼는 반면 한·중·일 등 집단주의 문화권에서는 관계 중시, 조화, 협력, 상생 등을 중시한다는 것이 곧 개인주의-집단주의 분류의 요지입니다. 따라서 주체성이란 말 그대로 한국인에게서는 거의 찾아보기 힘든, 서양인들의 특징으로 간주되었습니다.

그러나 개인주의-집단주의 분류 체계는 거센 도전에 직면하고 있습니다. '전 세계 다양한 문화권들을 어떻게 이 두 가지 범주로만 구분할 수 있을까' 하는 지극히 상식적인 질문과 함께 '개인주의 문화권', '집단주의 문화권'으로 통틀어 분류되던 국가들 간에도 사실은 상당한 심리적 차이가 존재한다는 사실이 여러 실증 연구들을 통해 밝혀졌습니다.[37] 과연 '주체성은 서양인들의 전유물일까? 그렇다면 한국인은 주체적이지 않은 것일까?', '같은 집단주의 문화권으로 분류되는 한국인, 일본인, 중국인 간 주체성 수준에는 어떤 세부적 차이가 있을까?' 등 개인주의-집단주의 분류에서 탈피된 새로운 논의들이 속속 나타나기 시작했습니다.

결론적으로 국내 문화심리학자들은 한국인들의 주체성이 약하지 않다고 말합니다. 다만 한국인들이 관계를 중시하는, 이른바 관계중심적인 성향을 갖고 있는 바, '관계 속에서의 주체성'을 추구하려는 동기가 강력하다고 설명합니다.[38] 다른 말로 표현하자면 관계의 유지 및 조화, 협력 등을 중시하되 관계 속에서 주도권을 놓치지 않고 싶어 하는 것이 곧 한국인들의 심리라는 것입니다.

한국인들의
'존재감'

한국인들은 관계 내에서의 자신의 존재감을 매우 중시합니다. 타인들에게 과시하고, 자신의 우월한 존재감을 내보이기를 원하지요. 이는 타인에게 무시 받는 것은 죽도록 싫어한다는 말이기도 합니다. 존재감을 충분히 어필할 수 없는 상황이라면, 적어도 존재감이 '사라지는' 상황만은 막아야 합니다. 그래서 한국인들은 유독 남들보다 뒤처지는 것을 좋아하지 않습니다. 이런 상황을 잘 보여 주는 말이 바로 '나도'라는 말이 아닐까 싶습니다. "'나도' 갖고 싶어", "'나도' 하고 싶어", "'나도' 저기 껴들고 싶어", "'나도' 잘 살고 싶어", "'나도' 좀 해 보자", "'나도' 좀 살자" 등 다른 사람들 사이에 '나도' 존재하고 싶은 것이지요. 일각에서는 한국인들의 '나도' 사랑을 가리켜 '냄비근성'이라 비꼬기도 합니다. 그러나 이는 그만큼 자신의 존재감을 잃고 싶지 않은 한국인들의 심리적 욕구가 크다는 사실을 나타내는 것일지도 모릅니다.

이런 이유로 한국인이 말하는 자존감이란 어쩌면 '관계 속의 주체성'의 다른 이름인지도 모르겠습니다. 상사에 치이고, 고된 노동에 치이고, 부족한 휴식에 치여 힘들기 짝이 없지만, 그래도 '나 아직 죽지 않았다'라고 울부짖고 싶은 마음이 곧 한국인들의 자존감이 아닐까요. 행복해지고, 성숙해지고, 자아실현에 이르는 것도 물론 좋겠지만 그보다 앞서 나도 잘할 수 있다고, 나도 좀 사회에 존재감을 어필하고 싶다는 그런 절박함. 취업도 안 되고, 일도 잘 안 풀리는 지금의 현실이 분하고 슬픈 나머지, 감추려야 쉽게 감출 수 없이 스며 나오는 어떤 울분. 21세기형 한恨의 집약체. 그것이 곧 한국인들이 좋아하는 '자존감' 이야기에 숨은 의미일지도 모릅니다.

저도 상처 받지 않을 권리가 있습니다.

몇 해 전 공중파 뉴스에서 '자존감 열풍'에 대해 짧게 다룬 바 있습니다.[39] 뉴스의 자료 화면에 등장한 어느 드라마 출연자의 대사가 유독 기억에 남습니다. 면접관 앞에서 울분을 참으며 상처 받지 않을 권리를 당당히 말하던 취업 준비생의 그 모습이야말로 곧 우리가 자존감을 지키려는 이유를 고스란히 보여 주는 것 아닐까요. 한국인들에겐 힘겨운 현실로부터 주체성을 유린당하고, 상처 받은 마음을 달랠 시도가 무엇보다 중요한 것일지도 모르겠습니다.

자존감, 과연 개인의 문제일까?
나 아닌 집단의 자존감

우리는 대개 자존감을 개개인이 갖는 마음의 상태라고 생각하곤 합니다. 이 때문에 자존감이 대중 사회에 통용되는 방식 역시 지극히 '개인적'입니다. 예를 들어 기존의 자존감 관련 책들이 말하는 것은 대개 '개인'의 자존감입니다. 자존감이 '개인'에게 왜 중요한지, '개인'의 자존감이 하락 혹은 상승하는 내적 이유는 무엇인지, 자존감이 낮으면 '개인'에게 왜 안 좋은지, 반대로 높으면 왜 '개인'에게 좋은지 등을 이야기합니다.

그러나 자존감은 오롯이 '개인' 단위에만 적용되는 개념이 아닙니다. 개인에게 자존감이 있듯이 가족, 또래 집단, 지역 사회, 기업, 민족, 국가 등 특정 집단·조직이 갖는 자존감도 존재합니다. 따라서 자존감은 개인의 것이고, 개인이 관리하면 그만이라는 생각은 다소 편협적입니다. 자존감 하락 혹은 상승을 결정하는 주체는 개인으로 한정되지 않기 때문입니다. 개인의 의지와는 별개로 소속 집단의 구조, 문화, 역사 등에 따라 집단의 자존감이 변하고, 그 속에 있는 개인들의 자존감에 영향을 미칠 수 있습니다. 이에 따라 노력해서 높인 자존감을 보호하려는 욕구는 개인 대 개인을 넘어, 개인 대 사회, 사회 대 사회로의 갈등으로까지 확산될 수 있습니다.

사람에게는 크게 두 가지의 정체성이 있다고 하지요. 개인적 정체성Personal Identity, 그리고 가족 구성원으로서의 나, 직업인으로서의 나, 조직 구성원으로서의 나 등으로 표현되는 사회적 정체성Social Identity이 바로 그것입니다. 사회심리학자 타즈펠Tajfel은 그의 '사회 정체성 이론Social Identity Theory'을 통해, 사람은 내집단을 비호하거나 타 집단을 배척하기 위한 '집단적 이유'로도 움직일 수 있음을 설명한 바 있습니다. 그리고 루흐타넨Luhtanen과 크로커Crocker는 이 사회 정체성 이론에 자존감 개념을 접목시켜 '집단적 자존감Collective Self-esteem'이라는 개념을 설명했습니다.[40] 집단적 자존감에는 '내가 속한 집단에 대한 나 개인의 긍정적 인식의 정도', '남들이 내가 속한 집단을 어떻게 볼 것인가에 대한 인식', '집단 내 나의 역할에 대한 긍정적 인식의 정도', '집단의 가치와 개인의 가치 간 관련성에 대한 나의 인식' 등이 포함됩니다. 그리고 이 집단적 자존감은 개인 대 개인이 아닌 집단 대 집단, 사회 대 사회 간 갈등 현상을 설명하는 주요 심리사회적 키워드 가운데 하나입니다.

본능적으로 혼자 살기를 거부하는 인간은 대개 하나 이상의 집단에 소속됩니다. 어디에 소속되어 있느냐에 따라 부모, 자녀, 학생, 직원, 한국인 등 여러 가지 사회적 정체성을 동시에 보유한 채 살아갑니다. 정도의 차이는 있을지언정 '기왕이면' 소속된 집단의 규범과 가치를 존중하는 방향으로 생각하고 행동하려 합니다. '튀는 것', '벗어나는 것', '고립되는 것'보다는 '순응하는 것', '융화되는 것', '어울리는 것'이 더 낫다고 생각하기 때문이지요. 그것이 바로 사회적 동물Social Animal로서의 인간의 본능입니다.

사회적 동물로서의 본능은 매우 강력합니다. 그래서 우리는 아침에 일어나서 잠드는 순간까지, 타인과 비교하며 살아갑니다. 타인과 나의 생각이나 행동이 같은지, 다른지 살펴보고 차이가 있다면 그것을 좁혀 조화나 유대, 협력 등을 통해 집단 생활에 유리한 방향으로 적응해 갈 수 있기 때문입니다. 이런 점에서 본다면 다른 사람들과 비교하며 사는 삶의 방식은 결코 잘못되지 않았습니다. 누군가는 '타인과 비교하지 말라. 너 자신만의 삶을 살라'고 하지만 어쩌겠습니까. 비교하며 사는 것은 우리의 본능이요, 거기에는 나름의 이유가 있는걸요. 문제는 '비교하는 일' 자체가 아니라, 무엇을 얼마나 '과하게' 비교하는지에 관한 것이지요.

또 다른 문제는 사람들이 만드는 집단, 조직이 결코 하나일 수 없다는 사실로부터 시작됩니다. 즉, 국가, 인종, 성별, 나이, 계층 등 요소에 따른, 혹은 학연, 지연, 혈연 등에 의한 편 가르기는 우리 편(내집단)과 그들 편(외집단)을 만들고, 우리는 양 집단에 대해 서로 다른 태도를 갖습니다. 사회심리학자 타즈펠이 지적한 것이 바로 이 지점입니다. 세상에 있는 모든 집단에 속할 수 없는 개개인은 필연적으로 집단을 '선택'해야 합니다. 그렇게 내가 속한 집단은 내집단으로, 내가 속하지 않은 집단은 외집단으로 구분합니다. 그리고 인간은 본능적으로 내집단을 옹호하고, 외집단을 배척하려 합니다. 금전, 명예, 의식주 등 누구나 가지고 싶어 하는 자원은 무한하지 않지 않습니다. 따라서 나, 그리고 내가 속한 집단의 사람들이 집단의 유지 및 번영에 필요한 자원을 더 많이 가질 수 있도록 경쟁적 우위를 선점하려 합니다.

내집단이 거둔 승리의 경험은 집단적 자존감을 고무시킵니다. 그리고 이 집단적 자존감 또한, 개인적 자존감과 마찬가지로 보호하려는 심리를 만들어냅니다. 외집단에 대한 공격성, 편견을 드러내는 한편, 내집단이 패배했을 때는 패배의 사실을 정당화, 합리화하거나 애써 외집단의 성취를 평가절하하고 심지어는 내집단이 패배했다는 사실을 거부·회피하려고 하지요. 월드컵, 올림픽 등에서 벌어지는 국가 간 경쟁은 집단적 자존감으로 인한 직·간접적 공격성 표출의 대표적인 사례입니다. 특히 대한민국 사람들에게는 한일전만큼 민감한 경기도 없습니다. 우리나라가 이기면 마치 내가 이긴 듯 기쁘기 그지없습니다. 그러나 일본이 이기면 내가 진 듯 슬퍼하는 한편, 상당한 수준의 분노를 표출하기도 합니다. 또한 패배의 의미를 낮춰, 한국인으로서의 집단적 자존감을 보호하기도 합니다.

스포츠를 매개로 한 집단 갈등은 비교적 양호한 편일지도 모르겠습니다. 집단적 자존감을 지키기 위한 노력들이 세대 간, 성별 간, 지역 간, 성소수자, 장애인－비장애인 간 등의 갈등으로 일상 가까운 곳에서, 각 집단 구성원들에게 심각한 상처를 안기고 여러 사회적 문제들을 야기하고 있으니까요. 스포츠는 시뮬레이션일 뿐입니다. 실제 우리 사회의 갈등은 우리가 마주하고 감당해야 할 무거운 현실이자 직접적으로 되돌아오는 상처이기에 결코 만만히 여길 수 없는 '자존감 문제'입니다.

자존감 대 자존심
'자존감은 높이고, 자존심은 버려라?'

자존감과 자존심은 닮았습니다. 당장 눈으로만 봐도 공통점을 쉽게 찾을 수 있지요. 자기 자신에 대한 존중, 곧 자존自尊이라는 단어 때문입니다. 실제로 자존감과 자존심은 서로 비슷한 배경을 갖고 있습니다.

우리에게는 주관적으로 인식 가능한 자기Self가 있습니다. 그리고 자기에 대해 좋다거나 싫다거나, 유능하다거나 모자라다거나, 사랑스럽다거나 밉다거나 등 여러 생각과 느낌들을 갖고 있지요. 심리학자들은 이 생각과 느낌들을 일컬어 이른바 '자기평가Self-evaluation'라고 부릅니다. 그리고 자존감과 자존심은 모두 이 자기평가가 얼마나 긍정적인가와 밀접한 관련이 있습니다. 자기평가가 후하다면 자존감, 자존심은 높아집니다. 반대로 자기평가가 박하다면 자존감, 자존심은 낮아지게 되겠지요. 그러나 자존감과 자존심은 분명히 다른 면을 갖고 있습니다. 의식적으로 지각되는 맥락은 어떠한지, 타인의 존재가 미치는 영향력은 어떠한지, 어떠한 맥락에서 생겼고 공유되었는지 등에 따라서 말입니다.

자존감은 우리가 일상의 매 순간 끊임없이 지각하는, 자기 자신에 대한 느낌의 총합입니다. 우리가 매일 마주하는 크고 작은 사건들은 자기 자신에 대한 평가를 바꿉니다. 늦잠, 놓쳐 버린 버스, 게으름, 피로감 등 사소한 경험들은 자기평가를 부정적인 방향으로 기울게 만듭니다. 반면 친한 친구와의 수다, 퇴근 후 여가 활동, 봉사 활동 등의 경험들은 마찬가지로 조금씩, 자기평가를 긍정적인 방향으로 기울게 하지요. 우리는 사건을 경험한 직후, 으레 사건이 자기 자신에게 미치는 영향에 대해 생각합니다. '늦잠을 자버린 나는 참 한심하군', '나는 왜 자꾸 일을 미룰까?', '내 말을 잘 들어 주고 웃어 주는 친구들을 만나면 내가 존중받는 기분이 든단 말야', '남을 돕고 나니 스스로가 대견한 걸'……. 끊임없는 자기 자신에 대한 관찰 및 평가들이 누적되어 전반적인 자존감 수준을 만듭니다. 결국 자존감이란 아침에 일어나 밤이 되어 잠에 들기까지, 매 순간 일어나는 자기 관찰 및 평가의 결과물입니다. 우리가 평상시 '나'에 대해 생각하는 대부분의 것들은 모두 자존감과 관련이 있습니다.

그렇다면 자존심은 어떨까요? 자존심은 자존감과 달리, 평소에는 잘 지각되지 않습니다. '자존심 세울 일'이 발생하지 않는 한, 우리가 평소 자존심에 대해 생각할 일은 별로 없다는 의미지요. 사실 우리가 일상에서 자존심을 지각하려면 어떤 '계기'를 만나야만 합니다. 특히 누군가의 비난, 경멸, 꾸지람, 일, 관계에서의 실패와 좌절 등 어떤 부정적인 계기를 만나 '자존심이 상했을 때' 비로소 우리는 자존심의 존재를 알아차립니다.

자존감 혹은 자존심이 손상되었을 때, 각각의 대처 방법 또한 다릅니다. 우리도 잘 알다시피 자존심이 손상되면 대개 매우 격렬한 반응이 나타납니다. 자존심을 상하게 만든 상대를 직·간접적으로 공격한다거나 자존심을 지키기 위해 아예 상대와의 관계를 끊어버리는 것을 마다하지 않습니다. 무너진 자존심을 되찾고자 현실을 외면하거나 허세를 부리기도 합니다. 심지어 자존심의 손상이 매우 심각한 경우, 울분을 감당할 수 없어 오히려 스스로를 파괴하는 비극적 결과가 나타나기도 합니다. 물론 자존감의 손상 역시 위와 유사한 반응을 불러올 수 있습니다. 앞서 살펴보았던 공격성, 편견 등 노력해서 높인 자존감의 부작용은 자존심이 상했을 때 나타나는 반응과 자못 유사합니다. 그러나 여러 객관적·주관적 성취 경험이 든든하게 뒷받침하고 있는, 이른바 '건강한 자존감'이 충족되어 있는 사람들은 자기 가치의 위협에 대해 비교적 온화하고 관대한 태도를 보입니다. 당장의 실패, 좌절, 상처가 쓰라린 것임에는 분명하지만 그것이 내 존재의 모든 의미를 앗아가는 것은 아님을 알고 있기 때문입니다.

자존감은 심리학자들, 특히 개인주의 문화관을 기반으로 하는 서양의 심리학자들이 만들어 낸 학술적 개념입니다. 그러나 자존심은 한국인들이 집단주의적 맥락 속에서 자연스럽게 만들어내어 사용해 온 문화적 개념에 가깝습니다. 따라서 자존감과 자존심에는 두 문화권 사람들의 서로 다른 생각의 차이가 숨어 있습니다.

먼저 문화심리학자들은 서양 문화권과 동양 문화권 간 자기개념Self concept의 차이를 지적합니다. 즉, '나는 누구인가?', '어떤 내가 되어야 가장 바람직한가?' 등의 생각이 서로 다르다는 의미입니다. 서양 문화권에서의 자기개념은 일관성이 있으면서도 확고한 실체입니다. 개인이 속한 외부 환경이 계속 변하더라도 자기개념은 상대적으로 잘 변하지 않아야 하지요. 자존감이라는 말 속에는 바로 이러한 서양의 자기개념 의미가 담겨 있습니다. 자존감의 형성 및 변화에 영향을 미치는 핵심 주체는 결국 자기 자신이라는 말이지요. 그래서 서양인들이 생각하는 자존감 개념에 따르면, 외부 환경이 어떠하든 사람은 자기 스스로 마음먹기에 따라 얼마든지 자존감을 긍정적인 방향으로 길러낼 수 있으며 그것을 유지할 수 있습니다.

그러나 동양 문화권에서의 자기개념은 가변적이며 실체가 불분명하다는 특징을 갖고 있습니다. 동양인들이 보기에 사람이란 본질적으로 사회적이며, 맥락적인 존재입니다. 누구를 만나며 사는가, 어떤 일을 하며 사는가, 어느 지역에서 살아가는가 등 조건에 따라 내가 누구이며, 내가 사람들 속에서 어떤 역할을 해야 하는지가 달라집니다. 따라서 동양 문화권에서의 자기개념은 기본적으로 환경에 따라 계속 변화하는 성질을 갖습니다. 따라서 일관적이고 확고한 자기관을 가진 사람은 일반적으로 집단주의 문화권에서는 '집단에 잘 적응하지 못하는 사람', '자기 고집이 강한 사람', '융통성이 부족한 사람'으로 평가받기도 합니다.

자존심이라는 말 속에는 그러한 집단주의 문화 특유의 자기개념이 배어 있습니다. 자존심의 지각 및 변화에 결정적으로 영향을 미치는 존재는 자기 자신이 아닌 타인입니다. 다른 사람이 상처를 주었을 때 '자존심이 상하는 경험'을 하며, 자존심을 회복하는 과정 또한 상대에게 분노를 표출하거나, 관계를 단절시키는 등 다른 사람과의 관계 속에서 이뤄집니다.

놀라운 것은 격렬한 반응을 동원해서라도 회복시키려고 하는 자존심을 다른 사람과의 관계 맥락에 따라 포기하기도 한다는 사실입니다. '내 가족의 생계를 위해 자존심을 다 버렸다', '국가와 민족을 위해서라면 나 한 사람의 자존심 따위는 얼마든지 짓밟혀도 좋다' 등 한국인은 관계 때문에 자존심에 상처를 입기도 하지만, 오히려 관계를 위해 자존심을 기꺼이 내놓으려 하기도 합니다. 어느 쪽이든 자존심 문제에는 자기 자신보다는 타인의 영향력이 더 크게 발휘된다는 점만은 분명해 보입니다.

한 가지 첨언하면, 문화권에 따른 자기개념의 차이는 어디까지나 상대적인 것임을 기억할 필요가 있습니다. 즉, 자존심이 동양인의 자기개념이 반영된, 문화심리학적 개념임을 말씀드렸지만, 자존심이 서양문화권에서는 전혀 발견되지 않는, 동양 문화권만의 고유한 현상은 아닙니다. 서양인들도 얼마든지 동양인처럼 자존심을 지각할 수 있고, 그것이 손상되는 경험을 할 수 있습니다. 동양인이든, 서양인이든 우리는 모두 동일한 인간이기에 마음의 기본 구조 역시 같을 것이기 때문입니다. 다만 문화권에 따라 구성원들이 사는 방법과 가치관이 다릅니다. 따라서 자기 자신에 대한 인식 또한 서로 같지 않습니다. '자존감'과 '자존심'으로 구분 짓는 것은 문화권에 따른 차이가 있음을 설명하기 위한 상대적 비교일 따름입니다.

자존심, 때론 자존감보다 강한
'존재의 의미'

'자존심을 버리고, 자존감을 높이자'[41], '자존심 비우고 자존감 채워라'[42] 등의 주장을 심심찮게 보게 됩니다. 요약하자면 자존심은 고집이고, 불통이며, 그래서 나에게 해가 되는 것이지만 자존감은 안정적이고 타인과의 관계 유지에도 긍정적인 영향을 미치기에 적극 권장되어야 한다는 것입니다. 그러나 이는 자존감 및 자존심의 의미를 제대로 이해하지 못했기에 제기될 수 있는 주장입니다.

사실 자존감이든 자존심이든 그 자체로는 옳지도, 그르지도 않습니다. 그보다 우리가 중요하게 생각해야 할 것은 자존감, 자존심이 지나치게 높아지거나 낮아지는 상황일 뿐입니다. 낮은 자존감, 자존심은 불안, 우울, 자기 비관, 체념, 회피 등과 연결되기 쉽습니다. 한편 높은 자존감, 자존심은 타인에 대한 공격성, 편견, 비난을 불러오기도 합니다. 혹은 상처 받은 자기 자신을 보호하기 위해 현실을 부정하거나 과에 비해 공을 지나치게 높게 평가하는 등 현실을 왜곡하기도 하지요.

자존감과 자존심이 모두 대중의 왜곡된 평가를 받고 있습니다. 재미있게도 서로 다른 방향으로 말입니다. 자존감은 부정적인 면에 비해 긍정적인 면이 지나치게 높게 평가되고 있습니다. 책, 특강 등 자존감과 관련된 콘텐츠에서는 노력해서 높인 자존감의 부작용을 지적하는 내용을 찾아보기 어렵습니다. 자존감은 좋은 것이며 높여야 할 대상이고 따라서 우리는 자존감을 높이기 위해 노력해야 한다는 말을 자주 듣게 됩니다. 반면 자존심을 이야기할 때는 대개 긍정적인 면에 비해 부정적인 면을 상대적으로 더 강조합니다. 자존심이 높아서 자신이나 상대에게 결국 상처를 주는 상황만을 강조하며 '자존심을 버리자'고 말하곤 하지요.

높은 자존심은 언제나 해가 되는 것일까요? 그래서 자존감과 달리 자존심은 버리는 것이 맞는 것일까요? 사실 그렇지 않습니다. 한국인이 생각하는 자존심의 의미를 조사한 국내 연구 결과에 따르면, 자존심에는 '자만', '허영', '교만', '객기', '고집' 등 부정적인 속성도 있었지만 한편으로는 '반드시 지켜야 하는 것', '꺾어선 안 되는 것', '긍지', '절개', '의기', '존엄' 등 긍정적인 속성 또한 갖고 있는 것으로 나타났습니다.[43]

한국인들에게 자존심이란 '존재의 의미'에 가깝습니다. 아무리 가난하고 배운 것이 부족해도, 그래서 지금의 삶이 고달파도 한국인들에게는 그럼에도 버릴 수 없는 '어떤 것'이 있다는 생각이 강합니다. 한국인들은 다양한 모습의 자존심을 갖고 있습니다. 누군가에게는 지금까지 일궈 온 재산이 곧 '자존심'입니다. 누군가에게는 소중한 가족들의 존재야말로 힘든 상황을 버틸 수 있는 이유이자 그 무엇을 포기하더라도 놓을 수 없는 '자존심'입니다. 또한 다른 누군가에게는 자신이 믿는 종교의 교리나 개인적 신념, 가치관 등이 곧 '자존심'이기도 합니다. 조금만 시계를 돌려 보면, 일찍이 외세의 침략에 굴하지 않았던 많은 독립 운동가들이 있었습니다. 이후에는 독재에 항거하며 민주주의를 부르짖었던 위인들이 있었습니다. 또한 '우리도 잘 살아 보자'며 근면 성실함으로 '한강의 기적'을 일구어 온 나라 발전의 역군들이 있었습니다. 그들에게는 아마도 우리나라와 우리 민족의 번영이 곧 '자존심'이었을 것입니다. 자신의 일상과, 심지어 자신의 목숨을 포기하면서도 결코 굽힐 수 없었던 그 '자존심'이 오늘날 선진국 대열에 들어선 대한민국을 있게 했고, 지금의 후손들을 있게 했던 셈입니다.

자존감이라는 개념이 국내에 본격적으로 알려지기 한참 전부터 한국인들은 일상에서 빈번하게 자존심이라는 말을 사용해 왔습니다. 그리고 자존심은 한국인들의 정체성이자 삶의 원동력으로 기능했습니다. 자존심이라는 말 속에는 그런 소중한 문화심리학적 배경이 담겨 있습니다. 자존심을 '지양'하자는 주장이 '지양'되어야 할 이유입니다. 서로 우열을 나누기보다는, 자존감은 자존감대로, 자존심은 자존심대로 균형 있게 이해하는 것이야말로 자존감과 자존심을 대하는 보다 바람직한 태도 아닐까요?

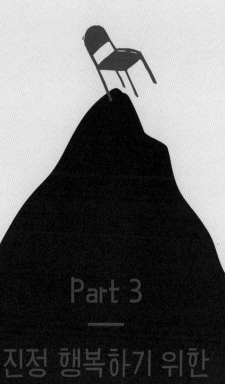

Part 3
—

진정 행복하기 위한
자존감 관리 처방전

들쑥날쑥 자존감 때문에
일희일비한다면,
자존감 안정성

'자존감은 지금 이 순간에도 변화하고 있습니다.' 이 말의 의미를 이해하는 것이야말로 자존감 관리의 시작입니다. 우리는 자존감이 쉽게 변하지 않고 오래 지속되길 바랍니다. '자존감 높이기'에 많은 시간과 비용을 투자하는 이유는 노력과 훈련으로 높인 자존감이 쉽게 사라지지 않고 지속적으로 일과 대인 관계에 긍정적 영향을 가져다줄 것이라 믿기 때문이겠지요. 그러나 안타깝게도 자존감은 우리의 기대만큼 안정적이지 않습니다.

실제로 자존감의 상승 혹은 하락에 영향을 미치는 크고 작은 요소들은 우리 주위에 많습니다. 또한 자존감은 일생에 걸쳐서, 심지어 하루에도 여러 번 크고 작은 변화를 반복합니다. 심리학자 오스Orth, 에롤Erol, 루치아노Luciano는 자존감이 인간의 일생에 걸쳐 어떻게 변화하는지를 알아보기 위해 4세부터 94세까지 다양한 연령대의 사람들 약 16만 4천여 명의 자료를 토대로 자존감에 대한 메타분석 연구를 진행했습니다.[44] 아래 그래프[45]를 통해 결과를 살펴보면 자존감은 약 60세에 이를 때까지 꾸준히 상승하는 추세입니다. 그 이후에 점점 나이가 들면 완만해지다가 70세 이후부터는 점차 감소합니다.

자존감은 나이에 따라 변하기도 하지만 그 사이사이 우리의 일상에서도 잦은 변화를 보입니다. 이른바 '일상의 자존감Daily Self-

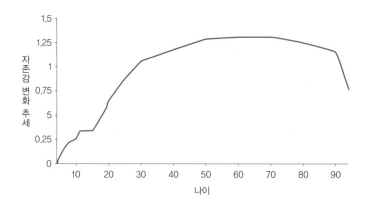

esteem'입니다. 이 개념을 다룬 기존 연구들은 자존감이 하루에도 여러 번, 혹은 매일 변화하고 있음을 보여줍니다.[46] 일상의 자존감을 연구하는 학자들은 참여자들에게 하루에 여러 번, 주기적으로 그들의 순간적인 자존감 점수를 보고하도록 지시했습니다. 이를 위해 참여자들에게 제공된 자존감 점수 기록 프로그램 등을 통해 참여자들은 언제 어디서나 모바일 등 기기를 통해 해당 프로그램에 접속, 자신의 자존감 상태를 주기적으로 보고하고, 연구자는 실시간으로 참여자들의 자존감 점수 변화를 관찰했습니다. 그 결과 평소 들쭉날쭉한 자존감 패턴을 보이는 사람들은 그렇지 않은 사람보다 일상에서 실패를 경험할 때 더 큰 우울감을 보였습니다. 또한 자기개념이 상대적으로 명료하지 않으며 개인적 목표 달성을 위한 주체적인 사고 및 행동이 부족한 경향이 있었습니다.

자존감은 지속적으로 변합니다. 따라서 자존감을 높이는 것에 대한 집착과 높인 자존감을 지키기 위해 파생되는 보호 심리를 줄이기 위해서는 무엇보다 '자존감은 변한다'는 사실을 깨달아야 합니다. 현재 자신의 자존감이 높더라도 그것이 얼마 가지 않아 떨어질 수 있다는 사실을 안다면, 떨어지더라도 적절한 노력을 통해 다시 회복될 수 있음을 안다면, 굳이 '지금 현재'의 높은 자존감에 집착할 필요도, 무리하게 지켜 낼 필요가 없기 때문입니다. 정말 중요한 것은 지금 현재 자존감의 높이가 아닙니다. 자존감이 계속 변한다는 사실을 인정·수용하는 한편, 갑작스런 자존감의 변화에 당황하지 않는 마음가짐을 가져야 합니다. 우리는 자존감을 높이려고 노력할 것이 아니라, 안정시키기 위해 노력해야 합니다.

'자존감 안정성Stability of Self-esteem'은 자존감의 높낮이와는 별개로, 일정 기간 내 자존감의 변화량이 얼마나 크고 적은가를 나타내는 개념입니다. 자존감 안정성이 낮은 사람은 자존감의 변화 폭이 크고, 높은 사람은 자존감 변화 폭이 적은 것이지요. 심리학자들은 연구를 통해 시간이 경과함에 따라 사람마다 자존감, 혹은 자기가치에 대한 느낌이 변화하는 정도가 매우 다양하다는 사실을 발견했습니다. 그리고 자존감 안정성은 자존감과 구분되는 고유의 영향력을 갖는다는 점을 밝혔습니다.[47] 즉, 자존감과 자존감 안정성은 분리 가능한 개념이며 각각 나름의 방식으로 우리의 일상생활에 힘을 발휘할 수 있다는 의미입니다. 실제로 자존감 안정성이 높은 자존감의 부작용과도 연관된다는 연구도 있습니다. 심리학자 커니스Kernis, 그리너만Grannemann과 바클레이Barclay는 높은 자존감High Level of Self-esteem의 부작용이 자존감 안정성에 따라 다르게 나타날 수 있음을 검증했습니다. 연구 결과에 따르면 높은 자존감을 가지고 있더라도 자존감 안정성이 낮은 이들은 높은 자존감-높은 자존감 안정성을 보유한 이들에 비해 자신의 가치를 위협하는 상대에게 더욱 공격적이고 적대적인 태도를 보였습니다.

자존감 안정성을 연구하는 심리학자들은 현재의 자존감 그 자체에 연연하지 말 것을 조언합니다. 그보다는 자존감의 갑작스런 상승, 하락 등으로 야기되는 문제들을 다스리기 위해, 어떻게 하면 일관되고 안정적인 자존감을 가질 수 있을 것인지 고민해 보는 것이 더 중요하다고 말합니다.

경험하는 모든 것을 '성취'로 여기면 된다

자존감 안정성이 낮은 사람들은 자존감이 언제 하락할지 몰라 조마조마합니다. 자존감을 위협하는 자극들이 가까이 다가오면 잔뜩 움츠러드는 한편, 자존감을 보호하고자 날이 선 반응을 보이기도 쉽지요. 그때 위협 자극들을 물리치는 것은 일시적으로는 효과적입니다. 그러나 계속 날이 서 있다 보면, 분노와 불안, 공포, 예민함 등의 상태가 지속되고 시간이 지나면서 점차 지치기 마련입니다. 그리고 마음이 지치면 지칠수록 자존감을 지키는 것은 더욱 어려워질 것입니다. 내 마음 행복하자고 높은 자존감을 원했던 것인데, 나중에는 정작 그 자존감 때문에 비극이 초래될지도 모릅니다.

재차 강조하지만 중요한 것은 '자존감의 높이'가 아닌, '자존감 관리'입니다. 자존감은 언제든 떨어질 수 있습니다. 반대로 긍정적인 일이 생기면, 혹은 아무리 불행한 일이 생기더라도 그 일의 의미를 내가 어떻게 해석하고 받아들이느냐에 따라 자존감이 지켜지거나, 오히려 더 상승하는 결과를 맞게 될 수도 있습니다. 자존감은 하루에도 여러 번 변화합니다. 일시적인 자존감 상태에 일희일비하는 것에는 큰 의미가 없으며, 오히려 지나치게 내 마음의 자존감을 의식하느라 힘들어질 수도 있습니다.

가장 이상적인 상태는 자존감도 높으면서, 자존감 안정성도 높은 경우일 것입니다. 이런 '건강한 자존감'은 어떻게 하면 만들 수 있을까요? 먼저 자신의 자존감을 높여 주는 개인적·사회적 경험이 무엇인지 알아야 합니다. 여기서 명심해야 할 것은 꼭 대단한 사회적 성취를 이뤄야만 자존감이 상승하는 것은 아니라는 사실입니다. 돈을 많이 벌어 부자가 되거나 권력이나 명예를 갖거나, 수많은 인맥을 거느리는 일은 분명 자존감을 높여 주긴 합니다. 그래서 많은 사람들이 이를 이루고 싶어 하는 것이겠지요. 그러나 이런 목표에만 매달리다가는 높은 자존감을 성취할 수 있는 가능성은 희박해집니다. 모두가 부자가 될 수는 없습니다. 모두가 유명인이나 권력자가 될 수도 없죠. 결론적으로 자존감의 원천을 부, 명예, 권력 등 한정된 자원에서 찾고자 한다면 자존감을 높이려는 대다수의 미래는 암울할 수밖에 없습니다.

돈, 권력, 명예 등은 건강한 자존감에 이르는 왕도가 아닙니다. 자존감을 높이는 요소 중 일부이긴 하지만, 이들이 다른 것들에 비해 두드러진 효과를 보여 주는 것도 아닙니다. 진정 건강한 자존감은 '성취'로부터 나옵니다. 무언가를 이뤘다는 느낌, 해냈다는 느낌, 지나왔다는 느낌이야말로 우리의 자존감을 확인시켜줍니다. 반드시 어떤 거창한 목표와 험난한 여정이 수반되어야 하는 것은 아닙니다. 무엇이든 괜찮습니다. 자신이 관심을 갖고 노력했으며 결국 이뤘다고 느낄 수 있다면 그것은 매우 훌륭한 자존감 원천입니다. 그리고 자존감 안정성은 이와 같은 성취를 얼마나 '자주' 경험할 수 있는가, 즉 성취 경험의 빈도Frequency에 달려 있습니다. 불규칙적이거나, 현실적인 달성 가능성이 희박한 성취 기대들은 자연스럽게 우리로 하여금 보수적인 태도를 갖게 합니다. 새로운 성취를 이루고 다시금 높아진 자존감을 확인하기까지, 기존에 이뤄 둔 성취를 끊임없이 곱씹으며 기약 없는 기다림을 견뎌야 하기 때문입니다. 즉, 성취 경험의 빈도가 낮을수록, 본래 가진 성취 경험과 그에 따른 높은 자존감을 잃지 않으려는 집착이 나타나기 쉽습니다. 이때의 자존감이 무너진다면 언제, 어떻게 다시 자존감을 높일 수 있을지 확신할 수 없으니까요. 이런 측면에서 본다면 부자가 된다, 권력자가 된다 등의 성취 목표는 건강한 자존감 원천으로는 적절하지 않습니다. 절대 자주 일어날 수 있는 일이 아니고, 심지어 일어날지, 일어나지 않을지도 모르는 일이기 때문입니다.

심리학자들은 자존감이 현실과 자신에 대한 해석, 판단으로부터 비롯된다고 설명합니다. 자존감을 키우고 안정시키는 데에는 남들의 평가가 아니라 자신 스스로 평가, 판단하여 만족감을 얻는 것이 더욱 중요하다는 말입니다.

> B와 D는 이번 모의고사에서 총 평균 80점의 동일한 성적을 받았다. 그러나 정작 시험 결과에 대한 두 사람의 생각은 다르다. B는 자신이 받은 성적이 만족스럽지 않다. 적어도 평균 90점 이상을 예상했지만 그에 미치지 못하는 성적이었기 때문이다. 결과적으로 B에게 이번 모의고사는 목표 달성에 실패한 것과 다름없다. 반면 D는 자신의 성적에 매우 만족했다. 자신이 공부했던 양을 고려하면 평균 70점도 과분할 것 같았는데 무려 그보다 10점이나 높은 성적이 나왔기 때문이다. 결국 D는 이번 모의고사 결과를 노력 끝에 얻은 훌륭한 '성취'로 생각한다.

동일한 결과라 하더라도 기대와 해석의 차이에 따라 B와 D의 자존감에 미치는 영향은 다릅니다. 위의 내용으로 미루어 짐작한다면 이번 시험 결과가 B의 자존감에 미친 영향력은 미미했거나 오히려 부정적이었겠지요. 반면 D는 이번 결과로 인해 시험 전보다 자존감이 더 상승하는 결과를 얻었을 것입니다. 그러나 자존감을 해석, 판단에 따라 크게 좌우되는 요소라는 사실을 인지하고 있으면, B는 다음과 같이 생각함으로써 자존감의 하락을 막을 수도 있습니다.

> "일장일단一長一短이라는 말도 있듯, 이번 결과로 인해 얻은 점도 많아. 우선 내 공부 방법이 잘못되지는 않았는지 한번 곰곰이 따져 보고 보완할 수 있게 됐어. 틀린 문제는 오답 노트로 꼼꼼히 정리해서 다음번에는 틀리지 않으면 돼. 어쩌면 이번 시험에서 미끄러진 것이 길게 볼 때는 다행스러운 일일지도 몰라. 수능 볼 때 실수했으면 정말 큰일이었을텐데 이번 시험을 통해 마음을 다잡게 되었어."

자존감의 본질은 주관적 성취입니다. 새로운 경험과 그 과정에서 나오는 크고 작은 성취는 자존감을 상승시킵니다. 여기서 다시한번 명심할 것은 자존감을 더 높이는 경험, 조금만 높이는 경험 등 새로운 경험의 우열, 위계는 존재하지 않는다는 사실입니다. 새로운 경험은 객관적인 현실에도 일부 기초하지만 결국 본질적으로는 주관적인 영역입니다. 마음먹은 대로, 깨달은 대로, 판단하고 해석하는 대로 개인이 체감하는 경험의 가치와 무게감, 위력은 얼마든지 달라질 수 있습니다. 사람마다 자존감 상승을 위한 다양하고 새로운 경험은 같을 수도 없고, 같아서도 안 되는 이유가 바로 여기에 있습니다. 누군가에게는 별 볼일 없는 일처럼 보여도, 다른 누군가에게는 성취일 수 있습니다. 따라서 자존감을 높이고, 유지하는 것의 핵심은 자기 자신만의 경험과 방법을 찾아 가꿔 나가는 일입니다. 반드시 다른 사람들이 가치 있게 여기는 일에 동조할 필요는 없을 것입니다. 스스로 보람을 느낄 수 있는 활동이 있다면, 그리고 대단한 수준은 아니어도 충분히 성취했다고 느낄 만큼의 기준이 있다면, 자존감을 높이기에는 충분합니다.

여행가기, 대화하기, 요리하기, 발표하기, 운동하기, 연주하기, 일기쓰기, 선물하기, 칭찬하기, 감사하기, 격려하기, 조언하기, 위로하기, 웃기, 노래하기, 그림그리기, 휴식하기, 사귀기, 감상하기, 공감하기, 꿈꾸기, 계획하기, 사색하기, 창작하기, 응원하기……

우리는 적극적으로 새로운 것들을 경험해야 합니다. 자존감 원천이 될 수 있는 경험들은 우리 주위에 셀 수 없이 많고, 성취의 경험은 주관적이며, 따라서 여러 활동들을 두루 경험해 보지 않고는,

어떤 활동이 특별히 내 자존감에 좋은 영향을 미치는지 알 수 없기 때문입니다. 아직 해 보지 않은 일이지만 해 보면 재미있을 것 같은 일, 익숙하지만 시도할 때마다 제법 즐겁고 괜찮은 일, 꽤 잘 해서 애착이 가는 일, 시간과 예산만 충분했다면 평소 꼭 한 번쯤 해 보고 싶었던 일 등 자존감을 높여 주는 사건들을 적극적으로 발굴해야 합니다. 동시에 억지로 하는 일, 참고 하는 일, 시켜서 하는 일, 남들이 다 한다니까 덩달아 따라하는 일, 아무 생각 없이 하는 일, 시간을 낭비할 수 없어 뭐라도 해 보는 일 등 자존감 높이기에 기여하지 못하는 사건들을 조금씩 줄여나갈 필요가 있습니다.

한편 이렇게 자존감의 원천을 다양화하는 일, 즉 성취 경험의 가짓수를 늘려 자존감 안정성을 꾀하는 일을 '분산 투자 전략'에 비유할 수 있습니다. 자존감을 높이는 경험은 사람들마다 다릅니다. 누군가는 한두 가지의 경험으로부터 자존감을 높이고 있는 반면, 다른 누군가는 그보다는 더 많은 여러 가지의 다양한 경험들로부터 자존감을 높이고 있지요. 이들 중 결국 자존감 높이기에 실패하고, 자존감 안정성이 낮을 가능성이 높은 사람은 바로 한두 가지의 자존감 원천에 모든 것을 거는 사람들입니다. 만약 그 소수의 원천이 부정당한다면, 자존감을 높일 수 있는 수단 자체가 사라져버릴 테니 말입니다. 반면 다양한 취미 생활, 인간관계, 위시 리스트를 보유한 이들의 자존감은 상대적으로 안정적입니다.

설사 한두 가지 경험에서 실패나 좌절을 맛보게 된다 하더라도 나머지 '분산 투자' 해 놓은 활동들이 건재하므로, 이를 통해 자존감 하락을 막을 수 있기 때문입니다.

　직장인 A씨는 자신을 전문적이고 유능한 직장인이라고 생각한다. 다른 사람들과 비교했을 때, 그의 일처리는 신속하고 정확했으며 A씨 본인도 그것을 잘 알고 있었다. A씨는 '일 잘하는 사람', '능력 있는 사람', '디테일에 강한 사람' 등 칭찬을 내심 좋아했다. 우수한 성과를 낼 때면 스스로가 가치 있고, '살아있다'는 느낌을 받곤 했다. 그래서 A씨는 자발적으로 매일 야근을 하며 자신의 모든 것을 업무를 처리하는 데 바쳤다.

　그러던 어느 날 A씨에게는 한 가지 고민이 생겼다. 얼마 전에 입사한 B씨의 스펙과 능력이 자신보다 더 뛰어나 보였다. A씨는 B씨에게 심한 열등감을 느끼기 시작했다. 겉으로는 웃었고, 아무렇지 않은 척 했지만 B씨의 일거수일투족이 신경 쓰였고 자신보다 잘 나가는 것 같은 B씨가 너무 미웠다. B씨에게 신경이 쓰여서인지 A씨의 능력 발휘 또한 예전 같지 않았다.

　B씨가 들어온 지 어느덧 1년, 직장 동료들과 상사는 이제 A씨보다는 B씨를 실질적인 팀의 '에이스'로 여기는 듯했다. A씨는 삶의 의미를 잃은 것만 같은 기분이 들었다. 자신이 여기 있을 필요

가 없는 것 같고, 그 어떤 일을 하더라도 잘 해낼 수 없을 것 같다는 비관적인 생각을 하며 하루하루 '버티듯' 지내고 있다.

직장인 A씨는 오로지 일에서의 성취를 통해 자신의 존재 가치를 찾았던 사람입니다. 그가 자존감을 높일 수 있는 곳은 오로지 일뿐이었습니다. 다른 말로 표현하자면 일에서 유능함을 발휘할 수 없다면, 그가 자존감을 높일 수 있는 방법은 없다는 의미입니다. A씨를 새로운 국면에 접어들게 한 B씨를 없앨 수도 없는 노릇이니, 결국 A씨에게 필요한 것은 자존감을 높여줄 수 있는 다른 방법들입니다.

뛰는 사람 위에 나는 사람이 있습니다. 한 분야에서 유일무이한 '최고'의 경지에 오른다는 것은 결코 쉽지 않은 일입니다. 분명 어딘가에 더 뛰어난 사람이 있을 가능성이 높고, 그러한 사람을 만나게 되면 그 분야를 통해 갖고 있던 높은 자존감은 예전 같지 않을 것입니다. 그래서 우리에게는 다른 관점이 필요합니다. 한 분야에서 실패하더라도 나라는 사람 그 자체는 무너지지 않도록, 자존감의 원천을 다양하게 발굴해 두어야 합니다. 바로 H씨처럼 말입니다.

H씨는 입사 직후부터 현재까지, 마음 편히 직장을 다녔던 적이 단 한 번도 없었다. 직장에만 가면 그를 늘 모질게 대하는 상사 한 명이 있었기 때문이다. 큰 잘못을 저질렀을 때는 말할 것도 없고, 사소한 실수였거나 별다른 문제가 없을 때조차도 습관적으로 상사는 H씨에게 고성을 질러댔다. 심할 때는 인신공격성 발언도 서슴지 않았다. '이런 것 하나도 제대로 못 할 거면 왜 사느냐', '구제불능이다', '그래도 나니까 데리고 있는 거지, 여기 나가면 어디에서 먹고 살 수 있을 것 같으냐' 등의 발언을 들을 때면 H씨는 스스로가 무가치한 존재라고 느껴졌다. 그로 인해 H씨의 자존감은 한없이 낮아졌으며, 조금도 행복하지 않았다.

그러나 최근 들어 H씨의 태도는 달라졌다. 퇴근하면 자신을 사랑하고 지지해 주는 가족, 친구, 애인도 있는데, 그들을 생각하면 결코 자신이 무가치한 존재일 수는 없었다. 또한 '상사가 뭐라고, 세상의 수많은 사람 중 한 사람일뿐이고 퇴사하면 아무 상관없는 사람이다'라는 생각이 들며, 어째서 그의 말 하나하나에 자신의 가치가 부정되어야 하는가 싶은 마음이 들어 분하기까지 했다.

요즘 H씨는 잘할 수 있고, 행복할 수 있는 다른 일을 하고 있다. 언젠가 퇴사하면 평소 하고 싶었던 아이템으로 창업을 해 보기로 결심한 한편, 최근 배우기 시작한 캘리그라피가 그렇게 보람 있고 재미있을 수 없다. 괴로운 상황을 무작정 참는 데 힘쓰기보다는 적극적으로 자신의 가치를 경험할 수 있는, 다른 방법들을 선택하는 용기를 내었다. 또한 H씨는 이제 상사의 폭언에 대해서도 이전과는 다르게 대처해 보기로 마음먹었다. 곁에 있는 동료들에게 도움을 구하거나, 면담 요청 등을 통해 나름 해결책을 모색해 보기로 했다. 또 '무작정 참는다'는 생각을 버리고, 도저히 버틸 수 없을 것 같은 상황이 온다면 과감히 다른 길을 알아 보기로 결심했다. 아무리 당장의 생계가 중요하다 한들, 자신이 가치있게 여겨지지 않으며, 그래서 행복하지 못하다면 모두 소용없는 일이라는 생각이 들었기 때문이다.

A c t i v i t y

1. 이번 장에서는 자존감 안정성Stability of Self-esteem 의 개념을 소개했습니다. 지금부터 자존감 그래프를 그려 보고, 여러분의 자존감이 얼마나 안정적인지를 확인해 봅시다.

일간(   )/주간(   )/월간(   )
자존감 그래프 그리기

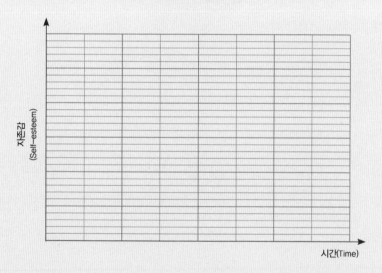

2. 자존감을 많이 높여 주거나 떨어뜨리는 사건이나 활동들이 있다면 그것을 목록으로 적어 봅시다. 그리고 자존감을 높여 주는 사건을 늘리고, 자존감을 떨어뜨리는 사건을 줄이기 위한 자신만의 '자존감 솔루션'을 한번 세워 봅시다.

자존감 관련 활동들

자존감을 높이는 활동들

자존감을 낮추는 활동들

자존감 관리 전략

매사 자신이 없고 나쁜 일은
꼭 내 탓인것만 같다면,
자기가치확인

평소 우리는 자기 자신의 가치를 의식하지 않은 채 살아갑니다. '오늘 꼭 해야 할 일은 무엇이더라?', '오늘 점심으로 무엇을 먹을까?', '이따 퇴근 후에는 무엇을 할까?' 등 당장 그때그때 해야 할 일에 대해 생각할 뿐, 일부러 시간을 내어 자기 자신을 돌아보는 경우는 상대적으로 흔치 않습니다. 그래서 나는 누구인지, 어떤 적성과 흥미를 가지고 있는지, 내가 그동안 이뤄 온 소중한 성취들에는 무엇이 있는지, 내가 지키고 싶은 신념과 가치는 무엇인지, 장차 어떤 사람이 되고 싶은지 등에 대해 잘 알지 못합니다. 이제부터라도 평소 자기 자신 및 자기 자신의 가치에 대해 충분히 생각하고 고민하는 습관을 들이는 것이 좋습니다. 이는 우리의 건강한 자존감을 만드는 데 도움을 줍니다.

심리학자 스틸Steele의 자기가치확인 이론Self-affirmation Theory에 따르면, 인간은 자기 가치Self-worth와 온전한 자아Self-integrity를 유지하도록 동기화된 존재입니다.[48] 우리는 인간관계 때문에 상처를 입거나 일에서 실패하는 등 스스로의 가치와 존재 의의가 부정당하는 듯 한 기분이 들 때, '자기 가치감'을 다시 확인하고 회복하려는 동기를 갖습니다.

심리학자들은 자기가치확인의 과정을 곧 심리적 면역 체계Psychological Immune System가 작동하는 과정으로 여깁니다. 자아가 위협당하는 상황에서 인간은 자신의 가치를 확인함으로써 스스로를 보호하는데, 심리학자 토매스Thomaes와 그의 동료들은 자기가치확인이 일종의 '보호재'로써 우리의 자존감 하락을 막는다고 설명했습니다.[49] 다른 말로 표현하면 '자아의 항상성Homeostasis' 유지에 기여하는 것입니다.

자기가치확인 이론 및 자아의 항상성 개념은 우리에게 자존감에 대한 흥미로운 통찰을 제공합니다. 바로 자존감을 대하는 태도의 전환이 필요하다는 사실입니다. 우리는 대개 자존감을 '높여야 하는 것', '얻어야 하는 것'으로 생각합니다. 그러나 자존감을 높이는 것 못지않게 우리가 중요하게 신경 써야 할 부분은 바로 현재의 자존감이 급격히 무너지지 않도록 지금 갖고 있는 자존감을 지켜내는 일입니다. 이는 심리학자 히긴스Higgins의 조절 초점 이론Regulatory Focus Theory의 관점과 유사합니다.[50]

조절 초점 이론에서는 목표에 이르는 인간의 동기 형태를 두 가지로 제시합니다. 위험을 무릅쓰고 무언가를 얻기 위해 적극적으로 행동하려는 것을 향상 초점Promotion Focus, 무언가를 새로 얻기보다는 가진 것을 잃지 않는 방향으로 최대한 조심스럽게, 안전 지향적으로 행동하려는 예방 초점Prevention Focus이 그것입니다(연구자에 따라 향상 초점은 접근 동기, 예방 초점은 회피 동기라 불리기도 합니다). 자존감을 목표로 삼을 때, 우리가 취할 수 있는 태도 역시 마찬가지입니다. 적극적으로 자존감을 높이는 것에 주력하는 향상 초점적 태도, 반대로 현재의 자존감을 보호하는 것, 물러서지 않고 지금의 자리를 굳건히 지키는 데 주력하는 예방 초점적 태도가 있을 수 있습니다. 그간 자존감 '높이기'에 힘쓰고 좌절했던 우리가 추구할 자기가치확인의 과정은 예방 초점적인 방식으로 우리의 자존감 '가꾸기'에 긍정적인 영향을 줍니다.

심리학자들은 자기가치확인이 우리의 '눈'을 밝게 해 주고, 단단히 설 수 있는 '발'을 준다고 말합니다. 고정관념, 편견, 인지 부조화 등에 빠지지 않고 우리가 경험하는 사건들을 이성적이고 객관적으로 탐색하고 판단할 수 있는 힘을 준다는 것이 눈에 관한 이야기이고 많은 사람들 앞에서 발표를 해야 하거나 실패를 경험하는 등 불안, 좌절의 상황에 굴하지 않고 적극적으로 문제 해결을 위해 앞장설 수 있는 용기를 준다는 것이 발에 관한 이야기입니다. 자기가치확인을 통한 눈과 발을 가지면 자존감을 보호할 수 있습니다. 자아가 위협당할 만한 사건이 눈앞에 닥치더라도 자신의 가치에 대한 믿음이 있기에, 용기를 내어 '현실'을 냉정히 마주하고 헤쳐나갈 수 있습니다. 지금부터 자기가치확인의 효과들을 구체적으로 한번 살펴보도록 하겠습니다.

불합리한 자기 합리화를 멈추는 법

대개 사람들은 부정적인 평가나 피드백을 좋아하지 않습니다. 그래서 어떻게든 부정적인 평가나 피드백을 거부하거나, 자신에게 듣기 좋은 말로 왜곡하려 합니다. 이것이 바로 사회심리학자 페스팅거Festinger가 제안했던 인지 부조화 이론Cognitive Dissonance Theory입니다. 신념과 행동이 일치하지 않을 때 인간은 심리적으로 불편한데, 이를 해소하기 위해 신념이나 행동 등을 바꾼다고 합니다.

인지 부조화 상황이 발생했을 때에는 대개 행동이 이미 저질러져 버린 후이므로 결국 남은 선택지는 자신이 가진 신념을 바꾸는 일입니다. 신념을 바꿔 행동과 일치시키는 것, 그것을 가리켜 정당화, 혹은 합리화라고 부르지요.

'나'에 대한 신념 또한 마찬가지입니다. 누구나 기왕이면 자신이 매력적이며 유능하길 바랍니다. 그래서 우리는 자신을 험담하는 사람들을 좋아하지 않고, 심지어 상대를 향한 분노와 혐오, 적대감을 드러내기도 합니다. 또 한편으론 자신이 보고 듣고 경험하는 내용이 옳다고 여깁니다. 심지어 그것이 객관적으로는 잘못된 정보일지라도 자신이 그렇게 믿어 왔다면, 혹은 그렇게 믿고 싶다면 주저 없이 편향, 편견, 고정관념에 의지합니다. 그러나 현실에 대한 왜곡이나 자기 자신의 능력·신념에 대한 긍정적 착각 등은 여러 문제를 일으킵니다.

당장 받아들이기에 불편하지만 꼭 새겨들어야 할 비판이나 피드백들이 있음에도 이를 거부하거나 왜곡한다면 결과적으로 자기발전에 좋지 않은 영향을 미칩니다. 이 때문에 심리학자들은 무리한 정당화, 합리화, 편견, 고정관념 등에 의존하는 대신 이성적인 시각으로 현상을 해석하고, 정당한 비판에 대해서는 수용하는 자세를 갖는 것에 대해 오랫동안 고민해 왔습니다. 그 결과 중 하나인 자기가치확인의 과정은, 위협적인 피드백이나 편견 등에서 우리가 좀더 자유롭게 사고하고 판단할 수 있도록 돕습니다. 쉽게 말해, 자기가치확인이 자아에 대한 위협을 막아 주다 보니 상대적으로 '위협적이지만 새겨들어야 할 유용한 정보'들을 편견 없이 받아들일 마음의 여유가 생긴다는 의미입니다.

심리학자 리드Reed와 아스핀월Aspinwall은 실험을 위해 다양한 카페인 소비 패턴을 가진 참여자들을 모집했습니다.[51] 참여자들은 무작위로 실험 집단과 통제 집단, 두 개의 집단에 할당되었는데 실험 집단의 참여자들은 연구자의 지시에 따라 자기가치확인의 절차를 수행했습니다. 우선 연구자들은 사전 조사를 통해 실험 집단의 참여자들이 타인에 대한 친절Kindness을 중요한 가치로 여기고 있음을 알아냈습니다. 이에 연구자들은 실험 집단의 참여자들에게 '다른 사람의 감정을 배려해 본 적이 있습니까?', '당신은 다른 사람의 요구에 귀 기울인 적이 있습니까?' 등 그들의 친절 경험을 묻는 총 10개의 질문을 제시했습니다. 각 질문에 예/아니오로 답하도록 한 다음, 만약 답변이 '예'에 해당했다면 구체적으로 어떤 사례가 있었는지를 적어 보도록 지시했습니다. 반대로 통제 집단의 참여자들은 해당 절차를 수행하지 않았습니다. 이후 연구자들은 전체 실험 참여자들에게 카페인 고도 섭취의 부작용에 관한 글을 제시하고 이를 자신이 원하는 때에 열람할 수 있도록 했습니다. 참고로 연구자들이 제시한 글은 카페인 고도 섭취가 섬유낭

병Fibrocystic Breast Disease(유선섬유닝포증)을 유발할 수 있다는 내용이었습니다. 연구 결과, 평소 카페인을 많이 섭취하는 사람들 가운데 자기가치확인 절차를 수행한 참여자들이 통제 조건의 참여자들보다 제공받은 정보에 좀더 개방적인 모습을 보였습니다. 통제 조건의 참여자들은 평소 카페인을 좋아하는 자신에게 위협적인 정보를 확인하는 데 주저하는 바람에 정보 열람의 반응 시간Reaction Time이 느렸지만, 실험 조건 참여자들의 열람 반응 시간은 상대적으로 빨랐습니다. 보고 싶은 정보, 듣고 싶은 정보만 취사선택하는 것을 가리켜 확증 편향Confirmation Bias이라 하는데 자기가치확인이 성공적으로 이뤄진 이들의 경우에는 확증 편향으로부터 어느 정도 자유로워질 수 있음을 시사하는 연구 결과입니다.

자신의 가치를 알아야
성장할 수 있다

자기가치확인은 우리의 '눈'만 맑게 해 주는 것이 아닙니다. 우리가 적극적으로 뛰어다닐 수 있도록 '발'을 튼튼하게 해 주기도 합니다. 자기가치확인은 우리의 자존감을 보호하는 역할을 하므로 결과적으로 일상에서 경험하게 되는 크고 작은 문제들에 용기를 갖고, 적극적으로 대처해 나갈 수 있는 힘을 줍니다. 앞서 보았던 인지적 개방성의 효과가 실제 행동에까지 영향을 줄 수 있다는 의미입니다.

한 연구에서는 자기가치확인을 통해 스트레스 수준을 상당 부분 감소시킬 수 있다고 밝혔습니다.[52] 실험에 앞서, 먼저 연구자들은 모든 실험 참여자들의 코르티솔Cortisol 수치를 측정하였습니다. 코르티솔은 우리에게 스트레스 호르몬으로 알려져 있지요. 다음으로 모든 참여자들은 사회적 스트레스를 유발하는 과제에 임하게 됩니다. 연구자들은 참여자들의 스트레스를 유발하기 위해 '왜 내가 소속 학과의 행정 조교로서 가장 적합한 후보인지'에 대해 지금부터 준비를 해 타인 앞에서 발표를 해야 하는 과제를 주었습니다. 이어 참여자들은 두 집단으로 구분되어 서로 다른 시간을 보냈습니다. 우선 한 집단의 참여자들은 자기 자신의 가치를 돌아보는 시간을 갖도록 하되, 특히 자신이 가장 중요하게 생각하는 가치에 대해 생각해 보도록 지시를 받았습니다. 반면 다른 집단의 참여자들은 별 다른 과정을 거치지 않았습니다. 이후 연구자들은 참여자들의 시간대별 코르티솔 변화 과정을 추적했습니다.

스트레스를 유발하는 발표 과제를 받기 전 실험 참여자들의 코르티솔 수치는 차이가 없습니다. 그러나 자기가치확인을 했느냐에 따라 코르티솔 수치는 상당히 달랐습니다. 두 집단 모두 발표 과제를 받기 전보다 더 높은 수준의 코르티솔 수치를 나타냈지만,

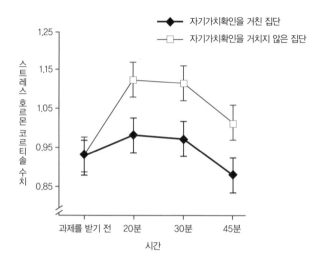

자기가치확인 집단의 코르티솔 수치가 전반적으로 더 낮게 측정되었습니다. 심지어 약 45분이 지난 후에도 자기가치확인 과정을 거치지 않은 집단의 코르티솔 수치는 초기 측정 수치만큼 회복되지 못했습니다. 자기가치확인 집단의 경우, 45분 후의 코르티솔 수치는 심지어 발표 과제를 받기 전보다도 낮았습니다.[53]

스피치 역량은 현대 직장인의 필수 덕목입니다. 많은 직장인들이 스피치에 대해 고민하고, 스피치 경험이 부족하거나 스피치에 자신이 없는 사람들은 시간과 비용을 투자하여 스피치 학원에서 스피치 기술Skill을 배우기도 합니다. 그런데 중요한 것은 기술Skill만은 아닌 듯합니다. 발표 자료를 아무리 멋지게 구성해도, 시선,

자세, 표정, 동작, 걸음걸이, 발성 등 여러 언어적·비언어적 단서들을 아무리 가꾸어도 막상 발표 자리에만 서면 생각처럼 잘 되지 않는다고 호소하는 분들이 적지 않으니 말입니다. 분명 학원에서 연습할 때는 잘 됐는데, 막상 직장 내 상사, 동료, 후배들 앞에서는 왜 이리 발표하기 어려운지 답답하기만 합니다.

　무대에만 서면 호흡이 가쁘고, 손발이 부들부들 떨린다면, 기술보다는 '마음가짐'에 한번 집중해 보는 것은 어떨까요? 자신의 가치를 확인하면서 발표에 대한 불안감, 두려움을 낮추는 연습을 해 보는 겁니다. 내가 발표를 하는 이유는 과연 무엇을 위한 것일까? 발표 한 번 잘 못했을 뿐인데, 그것을 곧 나 자신의 실패로 여기는 것이 과연 옳은 일일까? 차분히 자신의 가치에 대해 고민하는 일은 분명 여러분의 마음을 지켜 주는 소중한 방패가 되어줄 것입니다.

능력은 충분하다,
자기 자신만 믿으면 된다

　'더 나은 결과를 얻기 위해 무엇을 해야 할까?' 많은 사람들이 '능력을 키우면 된다'고 생각할 것입니다. 학습 등 후천적인 노력을 통해 잠재력을 발견하고 키우면 이전보다 더 뛰어난 능력을 갖게 될 것이고, 자연스럽게 향상된 능력만큼 더 나은 결과를 얻을 수 있다는 것이지요. 충분히 일리 있는 답변입니다. 그렇지 않다면 '교육', '학습'이라는 개념이 본질적으로 성립하기 어려울 테니 말입니다. 그러나 기대만큼 노력을 통해 능력을 키운다는 것은 쉽지 않은 일입니다. 대개의 평범한 사람들에게는 공부라는 것이 딱히 재미있는 일이 아닙니다. 교육 관련 지출을 늘리거나 더 노력한다고 해서 누구나 만족할 만한 성과를 낼 수 있는 것도 아니지요. 그럼에도 불구하고 더 나은 결과를 위해 자신의 능력을 최대한 발휘해야 한다면 이 방법을 써 보는 것은 어떨까요? 능력을 키우는 대신 능력 발휘를 방해하는 요인들을 제거하는 것입니다.

우리는 성과가 잘 나지 않은 상황을 두고 흔히 '능력이 부족했다'고 진단합니다. 그러나 사실 능력 그 자체가 부족했다기보다는 능력을 발휘할 수 있는 충분한 여건이 갖춰지지 못했을 가능성도 있습니다. 예를 들어, 평소에 성실하게 공부하고 모의고사를 치르면 최상위의 실력을 내는 학생이 있습니다. 그러나 정작 본시험에서는 평소의 능력을 발휘하지 못하고 죽을 쑤곤 합니다. 이런 상황에서 그에게 필요한 것은 무엇일까요? 능력을 키우는 일일까요? 더 열심히 외우고, 더 많은 문제를 풀고 정리하는 것이 정답일까요? 아닐 것입니다. 지식, 논리, 사고력의 수준 등 문제를 잘 풀기 위한 능력 자체는 이미 여러 차례 입증되었으니까요. 그런 그에게 진정 필요한 것은 그가 가진 능력을 100% 온전히 발휘할

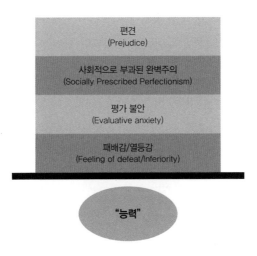

수 있도록 여러 방해 요인들을 제거하는 일입니다. 예컨대 지나친 완벽주의적 성향, 과도한 불안, 평가에 대한 염려 등 심리적 요인, 혹은 불우한 가정사나 원만하지 않은 또래 관계 등의 환경적 요인이 능력 발휘를 막고 있는 것은 아닌지 곰곰이 따져 봐야 합니다.

능력과 관련해 세계적으로 널리 오래 지속된 오해 하나가 '백인보다 흑인의 지능이 더 낮다'는 것이었습니다. 오랫동안 많은 사람들이 그 편견을 진실로 믿었던 데에는 흑인보다 백인의 학업 성취도가 더 뛰어나다는 '지능 검사 결과'들이 뒷받침되었습니다. 그러나 후속 연구들은 이 통념과는 다른 결과들을 속속 내어놓았습니다. 여러 '방해 요인'이 학업 성취도에 영향을 미쳤을 뿐, 본질적으로 흑인과 백인 간 능력 차이는 없다는 주장을 제기한 것입니다. 그리고 무엇보다 '흑인은 백인보다 지능이 낮다'는 고정관념(편견) 이야말로 실제 흑인 학생들의 성취를 낮추는 방해 요인이 될 수 있다는 사실이 알려져 많은 사람들에게 큰 충격을 주었습니다. 고정관념의 존재가 고정관념 당사자의 성취를 방해하는 현상, 심리학자들은 이를 가리켜 고정관념 위협Stereotype Threat이라고 부릅니다.

자기가치확인에 대한 연구들은 고정관념 위협이 실제로 존재하고 있음을 보여줌과 동시에 자기가치확인을 통해 실재하는 고정관념의 위협을 줄일 수 있음을 보여 주었습니다. 저명한 국제적 학술지 〈사이언스Science〉에 실린 한 연구에서 연구자들은 학업 성취에 관한 인종적 격차를 줄일 수 있는 방안으로 사회심리학적 개입Social-psychological Intervention을 주장했습니다. 여러 방법 중 자기가치확인의 효과에 주목하였는데, 구체적으로 살펴보면 자기가치확인 절차는 아프리카계 미국인들의 성적을 향상시키고 백인 등 타 인종과의 학업 성적 격차를 약 40% 줄였습니다.[54] 이는 인종 간 능력의 격차가 자연적이고 본원적인 것이라기보다 고정관념, 편견 등 심리사회적 영향에 따른 것일 수 있음을 방증합니다. 또한 자기가치확인이 단지 스스로의 심적 부담감을 완화하는 데 그치지 않고 적극적으로 성취 달성에까지 기여할 수 있음을 입증하는 하나의 증거이기도 합니다.

1. 심리학자들은 자기가치확인을 위한 방법으로, 과거에 있었던 주관적 성취 경험을 회상해 보는 활동을 제안하곤 합니다. 자랑스러웠던 일, 행복했던 일, 영광스러웠던 일, 다른 사람들이 나를 인정해 주었던 일 등 내 삶 속에서 가장 빛났던 순간들을 떠올려 봅시다.

어디에 내놔도 부끄럽지 않을,

가장 소중한,

여러분만의 기억은 무엇입니까?

나의 성취 경험 적어보기

2. 자기 가치의 확인을 위해, '가치-우선순위 확인법'을 활용해 봅시다. 우선 아래 보기에 제시되어 있는 예시를 보고, 자신이 특별히 중요하게 생각하는 핵심 가치 Core Value를 선정해 봅시다(〈보기〉에 포함되어 있지 않은 가치여도 무관합니다).

〈보기〉

창의성, 용기, 사랑, 용서, 미적 감각, 호기심, 끈기, 친절, 공정성, 겸손, 감사, 개방성, 진실함, 사교력, 리더십, 자기 관리, 낙관성, 지적 호기심, 유머 감각, 지혜, 신앙심 등

3. 핵심 가치에 대한 자신의 경험담을 구체적으로 떠올려 봅시다. 예를 들어, 핵심 가치로 '용기'를 선택했다면 ① '용기'를 중요하게 생각하는 이유는 무엇인지 ② '용기'를 발휘하여 나에게 긍정적인 경험을 가져다준 적이 있었는지 ③ 혹은 '용기'를 발휘하여 타인에게 긍정적인 영향을 미친 적이 있었는지 생각해 보고 그 경험을 기록해 보세요.

겉으론 괜찮은 척하지만
속으론 상처가 많다면,
암묵적 자존감 지키기

자존감을 연구하는 심리학자들은 자존감을 크게 두 가지 차원, 명시적 자존감Explicit Self-esteem과 암묵적 자존감으로 구분하기도 합니다.[55] 자기 자신의 행동이나 모습을 스스로 평가해 측정된 명시적 자존감은 의도적 · 비의도적으로 왜곡될 가능성이 있지만, 의식적으로 처리되지 않는 '암묵적(자동적) 수준'에서 접근한다면 좀 더 솔직한 자존감을 들여다볼 수 있을 것이라고 기대하기 때문입니다.

명시적 자존감은 자기 자신이 의식적으로 지각하고 설명할 수 있는 자존감입니다. 이 명시적 자존감의 수준은 지지해 주는 타인들의 존재나 눈에 보이는 성취 등 객관적으로 확인할 수 있는 요소들도 중요하지만 개인의 주관적 해석, 대처 방식에 따라 결정됩니다. 따라서 비난 등 자아를 위협하는 상황이 닥쳤을 때 개인은 여러 방식을 통해 자신의 명시적 자존감을 안정적으로 가꿉니다. 예를 들어 어떤 사건을 마주했을 때 개인은 일장일단一長一短식 사고, 즉 사건의 부정적인 측면만 보는 대신 긍정적인 측면에 대해서도 주목하거나, 회피하기보다는 문제를 해결하기 위해 능동적으로 움직이는 방식을 택하는 것입니다.

암묵적 자존감은 겉으로 드러나는 자존감에 대한 태도 아래에 숨어 있는, 의식적으로 지각·통제되지 않는 형태의 자존감입니다. 암묵적 자존감을 연구하는 심리학자들은 암묵적 자존감이 명시적 자존감에 비해 비교적 생애 이른 시기부터 형성되어 온 것이라고 말합니다. 부모의 양육 방식이나 보육원, 학교 등에서 만난 선생님, 친한 친구 등 중요 인물들과의 관계 경험이 큰 영향을 미친다고 이야기하지요.

심리학자 보손Bosson, 스완Swann과 페니베이커Pennebaker는 명시적 자존감을 두고 합리적이고, 신중하며, 의식적인 성질을 지녔으며, 암묵적 자존감은 자동적이고, 감정적이며, 무의식적인 성질을 가

지고 있다고 비교설명하기도 했습니다.[56]

　기존 연구들은 명시적 자존감과 암묵적 자존감이 서로 다른 속성을 지니는, 별개의 개념임을 밝히고 있습니다. 즉, 명시적 자존감이 높아도 암묵적 자존감은 낮은 경우, 혹은 암묵적 자존감이 높아도 명시적 자존감이 낮은 경우 등 두 개의 자존감이 서로 반대의 방향으로 향할 수 있음을 확인했습니다. 명시적 자존감과 암묵적 자존감이 서로 다른 현상을 이른바 자존감 불일치Self-esteem Discrepancy라고 합니다.

　　A씨는 상사의 지시로 야근을 불사하며 업무 관련 보고서를 작성했다. 그리고 다음 날, 보고서를 확인하자는 상사의 호출에 상사의 자리로 갔다. 정성 들여 작성한 보고서였건만 보고서를 보고 난 상사의 첫 마디는 칭찬이 아니었다. '보고서를 왜 이렇게밖에 못 쓰나?', '도대체 언제쯤 제 구실을 할 텐가?', '하루 시간 더 줄

테니 갈아엎는 수준으로 다시 써와!' 등 예상하지 못한 충격적인
말을 들어야 했다.

직장에서 일어날 수 있는 전형적인 상황 가운데 하나입니다. 상사에게 강도 높은 꾸지람을 듣는 일은 분명 자존감을 위협하는 사건 중 하나입니다. 여러분이 지금 현재, 위 상황 속 주인공이라 가정한다면 여러분은 위협 받는 자존감을 지켜내기 위해 어떻게 하겠습니까? 애써 잊어버리기, 맛있는 것을 먹으며 스트레스 풀기, 가까운 지인들에게 위로받기, 이직 혹은 퇴사 고민하기, 슬픈 영화를 보며 울고 후련해지기 등 아마 여러 가지 방법들이 있을 것입니다. 심리학자들은 위협적인 상황 자체에 대한 해석이나 평가를 다르게 해 보기를 권하기도 합니다.

사실 누군가에게 꾸지람을 듣다 보면 마음속에서는 '자기비난 Self-criticism'의 생각과 감정이 생기기 쉽습니다. 그러지 않으려 애를 써도 자꾸만 '나는 무능하고 구제불능인가 봐', '역시 나는 안될 것 같아', '뭘 해도 안 될 것 같아', '누가 이런 나를 좋아할까?', '나는 너무 나약해' 등 여러 생각이 떠올라 더 슬프고 우울해지고는 하지요. 이러한 자기비난의 과정이 여러 차례 반복되면 점점 더 위축되고, 만성적인 불안과 경계심을 갖게 되기 쉽습니다. 상황이 심각하다면 어떠한 시도나 노력도 결과를 바꿀 수 없다고 여기고 무기력해지는 학습된 무기력Learned Helplessness, 의욕적으로 일에 몰두하던 사람이 극도의 신체적·정신적 피로감을 호소하며 무기력해지는 번아웃 증후군Burnout Syndrome 등으로 인해 정상적인 사회 활동이 어려워질 수도 있습니다.

심리학자들은 이렇다 할 객관적인 근거 없이 유지되며 지속적으로 스스로를 고통스럽게 만드는 생각들을 가리켜 비합리적 신념Irrational Belief, 역기능적 태도Dysfunctional Attitude 등으로 부릅니다. 이러한 비합리적 신념은 집중해서 관찰하지 않는다면 평소에 자각하는 것이 어렵습니다. 상담·임상 심리학 분야에서 효과적인 심리 치료법으로 각광 받는 인지 치료Cognitive Therapy 기법은 바로 비합리적 신념들을 의식하게 한 후, 그것의 비합리성을 논박하고 교정하여 마음의 안정을 찾도록 도와주는 절차입니다.

상사에게 질책을 받는 상황 자체는 우리가 예측, 통제할 수 없는 일입니다. 그러나 인지 치료의 맥락을 빌려 우리는 그러한 상황에 대한 해석 및 평가는 바꿀 수 있습니다. 가령 스스로를 비난하는 대신 다른 방향으로 생각을 유도하는 것입니다. '단지 일의 실패일 뿐, 나라는 인간의 실패는 아니야', '다른 사정 때문에 유독 기분이 안 좋으셨을 수 있어. 단지 운이 나빴을 뿐이야', '언제나 잘할 수만은 없는 거야. 다른 사람들도 종종 실수하고 혼나는 걸 뭐', '이보다 더 나쁜 결과가 있을 수도 있었을 거야. 어쨌든 한

번의 기회가 더 생겼으니 이번에 실수들을 만회하면 돼' 등 가급적 합리적이고 긍정적인 방향으로 사태를 이해하는 것은 여러 위협적인 상황들로부터 우리들의 명시적 자존감을 지켜내는 데 분명 유용합니다.

한 가지 안타까운 점은 상황에 대한 합리적인 해석이나 평가가 명시적 자존감은 지켜줄 수 있을지언정 보이지 않는 곳에서 타격을 받고 있던 암묵적 자존감마저 지켜내기는 어렵다는 점입니다. 인지적인 대처는 사후적인 성격을 띠고 있습니다. 즉, 위협이 먼저 발생하고 그로 인해 파생된 여러 부정적인 감정을 추스른 이후 시도될 수 있는 의식적인 과정입니다. 상사의 꾸지람은 순식간에 명시적 자존감을 낮추지만, 우리는 상황에 대한 적절한 해석과 대처를 통해 낮아진 자존감을 회복시킬 수 있습니다. 그러나 자아가 위협당하는 상황에서 마찬가지로 부정적인 영향을 받은 암묵적 자존감은 그러지 못합니다. 우리는 평소 암묵적 자존감의 존재 및 변화를 자각하지 못하고 있기 때문에 암묵적 자존감을 위한 이렇다 할 대책을 세우기 어렵습니다. 결과적으로 명시적 자존감은 유지되고, 암묵적 자존감은 하락되는 결과가 초래됩니다. 만약 이 과정이 여러 차례 반복된다면 명시적 자존감과 암묵적 자존감 사이의 차이가 벌어질 것은 당연한 일이겠지요. 즉, 암묵적 자존감에 대한 의도적·비의도적 방관은 자존감 불일치를 키웁니다.

자존감 불일치의 상황은 개인에게 그다지 바람직한 상황은 아닙니다. 심리적 불편함을 경험하지 않는 상태, 즉 마음의 안정을 얻기 위해 필요한 것은 신념과 행동 간, 혹은 신념과 신념 간의 일관성Consistency이기 때문입니다. 따라서 의식상의 자존감인 명시적 자존감과 의식 아래에 있는 암묵적 자존감이 유사하게 조화를 이루는 상태여야 내적 일관성이 확보되어, 심리적으로 불편하지 않습니다. 그와 반대로 서로 일치하지 않는 두 자존감은 심리적 불편함을 낳습니다. 미국의 사회심리학자 페스팅거Festinger의 인지 부조화 이론에 따르면, 불일치로 인한 심리적 불편감은 어떤 방식으로든 해소되어야만 합니다. 서로 일치하지 않는 두 개의 자존감을 가진 개인은 둘 간의 차이를 메우고자 '무리수'를 감행하기 시작합니다. 예를 들어 사실 자신은 그리 자존감이 높지 않은데도, 마음 속 깊은 곳에서는 이를 알고 있음에도 불구하고 의식적으로는 자신은 자존감이 높은 사람이라며 당당하게, 안 좋은 상황에서도 아무렇지 않다는 듯이 행동합니다. 이는 일종의 자기기만에 가까우며 자기기만은 자기 부정을 낳고, 결국 자존감에 큰 상처를 남깁니다.

의식적 해석, 판단이 강하게 개입되는 명시적 자존감은 상황에 대한 적절한 해석과 대처에 따라 충분히 보호해 나갈 수 있습니다. 앞서 살펴보았듯 비록 무리하게 보호하려는 심리 덕에 타인을 깎아내리거나 공격적으로 반응하는 등 부작용이 나타나기도 하지만, 어쨌든 자존감 유지나 보호에 대한 통제권은 자신에게 있는 셈입니다. 그러나 아무리 상황에 대한 해석을 다르게 하려 해도, 자아가 위협 당한 직후에 발생한 마음의 충격, 그리고 슬픔, 혼란, 분노 등 부정적인 감정들이 완전히 사라지는 것은 아니지요. 아무리 상황을 이성적이고 합리적인 방향으로 해석해 보려 해도 부정적인 감정의 잔해는 조금씩 마음속에 쌓이며 우리의 암묵적 자존감을 병들게 합니다.

자존감 보호에
유리한 환경 만들기

암묵적 자존감은 어떻게 보호할 수 있을까요? 암묵적 자존감을 보호하기 위해서는 자아를 위협하는 사건을 조금 다른 관점으로 살펴봐야 합니다. '대처'가 아닌 '예방'의 관점으로, 전환이 필요하지요. 사실 자존감을 지키기 위한 가장 바람직한 상황은 자존감을 위협하는 사건 자체가 일어나지 않아야 합니다. 결론적으로 우리는 자존감 보호에 유리한 환경을 능동적으로 가꾸어야만 합니다. 자존감을 지키려 애써 힘들게 노력하지 않아도 괜찮도록 말입니다.

자존감 보호에 유리한 환경 만들기
(feat. 매슬로의 인간 욕구 5단계 이론)

사진 속 물건의 정체는 무엇일까요? 맞습니다. 우리는 이것을 '못'이라고 부릅니다. 못은 가구, 시설 등을 만들기 위해 목재와 목재 사이를 연결하고 고정시키는 데 사용하는 물건입니다. 이 못이라는 물건의 물리적 속성, 이를 반영한 함축적 의미 덕택에 못이라는 단어는 기존과는 다른 맥락에서 활용되기도 합니다. 다른 질문을 해 보겠습니다. '못'이라는 말을 들으면 어떤 느낌들이 떠오르나요? '길다', '뾰족하다', '차갑다', '작다', '예리하다', '아프다', '단단하다', '녹슬다' 등의 표현이 떠오릅니다. 이 중에서도 누구나 한번쯤 생활 속에서 경험한 자극적인 사건 덕에, 유독 강렬하게 다가오는 것이 하나 있습니다. 바로 못에 찔릴 때의 감각입니다. 이음새가 튼실하지 못한 물건을 만지거나 무심코 못이 널브러진 곳을 지나치다 못의 날카로운 끝에 찔린 경험, 누구나 한번쯤은 겪을 수 있는 흔한 일입니다. 당연하게도 못에 찔리면 화들

짝 놀라겠지요. 눈물도 찔끔 나고, 운이 좋지 않다면 빨갛게 피가 맺히기도 합니다. 못에 관한 이 자극적인 경험은 '못'–'아프다', '못'–'예리하다', '못'–'가차 없다', '못'–'다치다' 등 물체–심상心 想의 연결고리를 만들었습니다.

특정 대상에 대한 보편적이고 강렬한 경험은 때로 관용어가 되어, 일상의 언어가 됩니다. 못에 대한 관용어가 바로 그런 대표적 사례가 아닐까 싶습니다. 실제로 우리는 마음이 절절히 아플 때, '마음에 못이 박혔다'라고 말하기도 하지요. 즉 '못(을) 박다'라는 말은 진짜 못을 목재 등에 박는 행위를 표현하는 데에도 쓰이지만 나 혹은 타인의 마음속 깊은 곳에 원통한 생각이 맺히는 경우를 비유적으로 나타내는 데에도 사용됩니다.[57] 따라서 지금부터는 위의 '못'을 조금 다른 이름으로 불러 보려 합니다. '상처 주는 말들'이라고 말이죠.

상처 주는 말들

자존감을 깎아내리는 상처 주는 말들은 우리 몸 깊숙한 곳까지 파고듭니다. 쉬이 소화되지 못하고 몸속에 쌓여 갑니다. 이미 한 번 들어와 버린 상처 주는 말은 처리하기 참 곤란한 존재입니다. 살짝 스치기만 해도 아플 정도로 매우 예리하고 단단하기에 그것을 억지로 빼려다가는 자칫 예상치 못한 부분들까지 상처 입을지 몰라 난감합니다. 어쩌면 애써 자신의 아픈 마음을 부정하고, 합리화하며 산다는 것은 곧 무시무시한 상처의 말들을 몸속에 놓아둔 채 살아간다는 것과 같은 일인지도 모르겠습니다. 의식적인 노력들은 상처 주는 말들의 날카로움을 약간 무디게 할 수는 있어도 그것의 존재를 완전히 지워내기에는 역부족입니다. 그렇게 마음속에 쌓여 가는 상처들은 모르는 사이에 조금씩 우리의 암묵적 자존감을 쇠약하게 만듭니다.

마음의 문제는 비단 '마음먹기'에만 달린 것은 아닙니다. 자신의 존재 가치와 의미를 부정하는 가혹한 환경으로부터 벗어나지 않는 한, 자존감을 긍정적인 방향으로 바꾸려고 마음먹고, 노력하는 데에는 분명 한계가 있습니다. 이 때문에 사회심리학자들과 성격심리학자들이 한 목소리로 '개인'과 '상황' 두 요소 모두를 강조했습니다. 인간의 생각과 행동의 원인을 올바르게 이해하고 대처하기 위해서는 '개인'과 그 개인을 둘러싼 '상황' 모두를 중요하게 고려해야 합니다. 이는 자존감에 대한 문제에서도 마찬가지입니다. 따라서 우리는 자아를 위협하는 상황에 대해 합리적으로 해석하고 평가하기 위한 훈련을 해야 합니다. 그 다음으로 이러한 '개인'의 노력을 무위로 돌리지 않기 위해 환경을 변화시켜야 합니다. 자존감을 지키기 위해 자신이 가진 생각 습관들을 점검하고, 서로 상처 주는 말이 없는 곳, 자존감에 유리한 주변 환경을 만들어 가야만 합니다.

어떤 환경이 자존감을 관리하는 데에 유리할까요? 인간의 욕구 및 동기를 설명하는 가장 유명하고 고전적인 이론 가운데 하나는 심리학자 매슬로Maslow 의 인간 욕구 5단계 이론Hierarchy of Needs Theory 입니다.[58] 이 이론에 따르면 인간의 욕구는 생리적 욕구, 안전의 욕구, 애정과 소속감의 욕구, 존중의 욕구, 자아실현의 욕구, 크게 다섯 종류로 구분됩니다. 매슬로는 이후 인지적 욕구와 심미적 욕구를 더해 7단계로 자신의 모형을 수정하기도 했습니다. 그리고 인간 욕구 5단계 이론의 한계점을 지적한 여타 심리학자들에 의해 현재는 인간 욕구 5단계 이론에 대한 수정된 모형이나 대안 이론들도 존재합니다. 그러나 여기에서 다루고자 하는 것은 인간 욕구 5단계 이론이 타당한지에 대한 부분이 아니기 때문에 여기서는 가장 일반적으로 널리 알려진 '5단계 모형'으로 이야기해 나가겠습니다.

인간 욕구 5단계 이론에서 상정하는 것은 어디까지나 보편적이고 기본적인 형태의 욕구들입니다. 이 때문에 매슬로의 인간 욕구

5단계 이론이 그토록 많은 사람들로부터 공감을 사게 되었는지도 모르겠습니다. 실제로 그가 주장한 이론의 체계는 무척 직관적입니다. '일단 먹고 사는 문제가 해결되고(생리적 욕구), 안전이 보장되어야(안전의 욕구) 비로소 다른 사람들에게로 시선을 돌려 유대와 화합을 도모할 수 있다(애정과 소속감의 욕구). 그렇게 관계 맺음을 시작하다 보면 존중받고(하고) 싶다는 마음(존중의 욕구)이 생기고 결국 궁극적으로 자신이 가진 잠재력을 온전히 실현하길 원한다(자아실현 욕구).'

인간 욕구 5단계 이론의 핵심 주장을 요약하면 다음과 같습니다. '인간이 가지고 있는 욕구는 여러 갈래로 구분되며, 먼저 추구

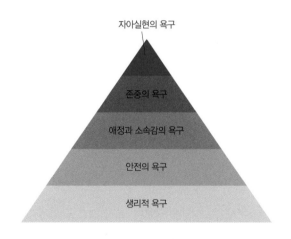

매슬로의 인간 욕구 5단계 이론

되어야 하는 욕구가 있고 나중에야 추구될 수 있는 욕구가 있다. 즉, 욕구 간에 위계가 있기에 상대적으로 하위 단계에 속한 욕구가 먼저 충족되지 않으면 상위 단계에 있는 욕구 충족은 어렵다.'

매슬로의 인간 욕구 5단계 이론이 복잡한 세상을 사는 현대인들에게 주는 함의는 무엇일까요? 먹고 마시고 자는 일에 집중했던 과거 원시 시대와는 달리, 오늘날 현대인들에게 주어진 어깨 위의 부담은 무척 크고 그 종류도 많습니다. 오늘날 우리들은 단지 먹고 마시는 문제에만 집중하며 살 수 없습니다. 우리가 사는 사회 속에는 법과 윤리가 있고, 제도가 있고, 직업 시장이 있고, (평생) 교육이 있고, 무수한 형태의 여가 활동들이 있기 때문입니다. 이렇게 해야 할 일, 해야 할 것 같은 일이 너무도 많이 있기에 우리는 종종 욕구 충족의 방향성을 잃어버리고 맙니다.

도대체 무엇부터 해야 할까? 행복하려면 일을 줄이고 가족, 친구들과 함께 하라는데 그렇게 할까? 아니야, 지금은 좀 고되도 열심히 일을 해서 돈을 벌어 놔야 나중에 행복하게 살 수 있어. 가만, 무슨 일을 해야 돈을 벌 수 있을까? 일은 또 어떤 일을 해야 하고? 일을 고를 때 내 적성과 흥미가 중요할까, 사회 트렌드가 중요할까? 내가 그 일을 골랐다 해도, 그것을 하기 위한 자격은 충분한가? 어떤 준비를 먼저 해야 하지?

현대인들이 수많은 욕구 앞에서 갈팡질팡하고 있을 때, 매슬로의 인간 욕구 5단계 이론이 교통정리를 해줄 수 있습니다. 말하자면 욕구의 종류에 따라, 욕구 충족 수단과 행위들을 분류하고 우선순위를 두어 순차적으로 실천할 수 있도록 우리를 돕는다는 의미입니다. 가령 우리는 욕구 위계에 따라 욕구들을 정리하다 이런 고민들을 할 수 있는 것이지요. '이전 단계에서 미처 충족되지 못했던 욕구가 있었기 때문에 내가 이토록 그다음 단계 욕구를 충족하는데 유독 어려웠던 것은 아닐까?', '당장 내게 급한 욕구는 따로 있는데 정작 나는 너무 먼 곳만 바라보며 살아왔던 것은 아니었을까?' 등의 생각을 말입니다. 여러 종류의 욕구를 그동안 얼마나 잘 충족해 왔는가 점검해 보는 것만으로도 매슬로 인간 욕구 5단계 이론이 우리 개개인에게 주는 의의는 크다고 할 수 있습니다. 욕구에 좀더 집중하고 충족하며 한 단계씩 상승하면서 앞으로의 인생은 달라질 수 있을 테니까요.

지금까지 설명 드린 매슬로의 인간 욕구 5단계 이론을 기억해두고, 다시 자존감에 대한 이야기로 돌아와 보겠습니다. 서두에서 우리는 자존감 이야기가 범람하는 요즘 세태, 이른바 '자존감 열풍'에 대해 이야기했습니다. 자존감 열풍 속에 존재하는 자존감에 대한 심각한 오해 중 하나는 '세상의 모든 문제들은 곧 자기 자신의 문제다.'라는 암묵적 전제입니다.

그런데 흥미롭게도 매슬로의 인간 욕구 5단계 이론은 작금의 '자존감 열풍'에도 시사하는 바가 큽니다. 인간 욕구 5단계에 따르면 개인 안팎으로 자존감을 추구하고자 하는 욕구는 바로 네 번째 단계인 존중의 욕구Need for 'Esteem'에 해당합니다. 이 존중의 욕구가 충족되기 위해서는 먼저 충족되어야 하는 이른바 선행 조건이 존재합니다. 다름 아닌 '애정과 소속감의 욕구Need for Love and Belonging'입니다. 매슬로의 인간 욕구 5단계 이론에 따르면 존중의 욕구, 즉 자존감 이전에 먼저 채워야 하는 것은 애정과 소속감의 욕구라는 의미입니다. 그리고 이 애정과 소속감의 욕구는 명칭에서부터 유추 가능하듯, 당연히 혼자서는 충족시킬 수 없는 욕구입니다. 가족, 친구, 연인, 동료 등 친밀한 타인들과 할 때 비로소 우리는 애정과 소속감을 경험할 수 있습니다.

매슬로의 인간 욕구 5단계 이론에 따른다면 자존감은 관계로부터 비롯됩니다. 애정과 소속감을 기대할 수 없는 환경에 놓여 있다면 자존감을 향상시킬 수 있는 선행 조건을 충족시키지 못한 것입니다. 학대하는 가정 속에서 자라 왔다면, 학교에 마음 둘 사람이 없다면, 직장에서 인간적인 대우를 받고 있지 못하다면, 그런 환경에서 벗어나 친밀한 인간관계를 형성하는 것이 그 사람에게 가장 시급한 일입니다. 애정과 소속감이 시급한 상태에서 존중이란 허상이나 다름없습니다. 다른 사람과 연결되어 있다는 감각, 그리고 그 연결이 비교적 안정적으로 지속되리라는 믿음이 전제되어야 비로소 그 보금자리 속에서 존중의 싹을 심을 수 있을 테니까요.

자신을 지지해 주는 환경을 갖출 때, 우리는 상처 주는 말들로부터 벗어날 수 있고 그로써 명시적·암묵적 자존감의 하락을 방지할 수 있습니다. 오래 안정적으로 자존감을 가꾸고 싶다면 언제든 SOS 신호를 보낼 수 있는 든든한 아군을 찾아 나서는 일부터 시작해야 합니다. 잠시 시간을 두고 고민해 보시기 바랍니다. 마음이 복잡할 때 언제든 연락하고 고민을 털어놓을 수 있는, 소중한 사람이 곁에 있나요?

서로의 자존감을 지지하는 연대, 자존감 네트워크

애정과 소속감으로 똘똘 뭉친 소중한 사람들은 여러분의 자존감을 지켜줄 것입니다. 그리고 반대로 여러분 또한 소중한 사람들의 자존감을 지켜줄 수 있습니다. 이런 방식으로 자존감 네트워크Self-esteem Network를 형성할 수 있습니다. 사회적 지지Social Support는 자존감을 보호해 주는 매우 강력한 요소입니다.[59] 자존감이 사실은 개인이 아닌, 연대의 문제일 수 있다는 이야기입니다. 혼자서 쌓아 올린 자존감은 연약합니다. 일상의 맥락에 따라 휩쓸리고 얼마든지 무너질 수 있으니까요. 그러나 연대를 통해 만들어 낸 자존감 네트워크는 강합니다. 쉽게 무너지지 않는 자존감 네트워크는 일차적으로 나를 지탱해 주고, 나아가 우리 모두의 자존감을 지탱해 주는 귀중한 심리적 자원이 되어줄 수 있습니다.

그렇다면 자존감 네트워크는 구체적으로 어떻게 만들어야 할까요? 좋은 사람들을 많이 사귀어야 한다는 것은 누구나 잘 압니다. 그러나 막상 실천하기는 어렵습니다. '나는 왜 지금보다 더 사회성 있는 사람이 될 수 없을까?', '적극적으로 다가서야 하는데 용기가 안 나', '내가 정말 가까운 친구가 될 수 있을까?' 등 새로운 인연을 만들려니 두려움이 앞서곤 하지요. 이런 두려움 앞에서 멈춰 있지 말고, 쉬운 것부터, 할 수 있는 것부터 차근차근 해도 충분히 자존감 네트워크를 형성할 수 있습니다.

우선 새로운 인연보다는 곁에 있는 사람들에게 먼저 집중하세요. 평소 잘 알고 지내던 사람들이야말로 자존감 네트워크 구축을 위한 최고의 파트너 후보들입니다. 그 다음에는 인간관계를 형성하고 유지하는 데에는 끝이 없다는 사실을 기억하길 바랍니다. 우리는 오래 알고 지낸 사람들을 두고 '내가 그에 대해서는 이제 모르는 게 없지', '워낙 가까워서, 새삼스럽게 애정을 표현한다는 것이 참 어색해', '우리 정도의 사이라면 이 정도는 응당 해 줄 수 있어야지' 등 착각을 범하고는 합니다. 그러나 사귀고 가까워지는 여정에는 끝이 존재하지 않습니다. 미처 발견하지 못했거나 외면했을 뿐, 아무리 오래 알고 지냈어도 타인의 모든 것을 이해한다는 것은 불가능합니다. 이미 여러분 곁에 있는 소중한 사람들은 결코 '다 잡은 물고기'가 아닙니다. 무릇 한번 맺은 인연의 힘은 강해 보입니다. '천생연분', '귀인', '인생의 동반자'를 만났다는 사람들을 보면, 그 어떤 어려운 일이 닥치더라도 상대와 헤어지는 일은 없을 것만 같습니다. 그러나 인연이란 오묘한 것이어서, 아무리 영원할 것만 같았던 사이라도 전혀 예기치 못한 계기를 만나 허무하게 끊어져 버리기도 합니다. 그래서 인연을 대하는 자세는 늘 겸손해야 합니다. 친밀함이 당연해지고, 그래서 조금씩 소홀해지기 시작하는 순간, 그 즉시 두 사람 간의 인연은 모르는 사이에 점점 멀어지기 시작합니다. 얼마간의 시간이 흐른 후, 인연이 깨지는 충격적인 경험이 닥치고 후회하지만 한번 무너진 관계의 신뢰를 회복시키기란 어렵습니다. 그러므로 가까운 사람에게 보다 집중하시기 바랍니다. 당연하다고 생각하지 마시고 표현하기 바랍니다. 바로 칭찬하고, 감사하고, 사랑하고, 위로하고, 격려하고, 함께 걱정하고, 고민하고, 인사하고, 웃고, 축하하고, 이해하고, 공감하고, 응원하기 바랍니다. 애정과 소속감을 넘어, 존중의 단계로 나아가기를 희망한다면 말입니다.

1. 암묵적 자존감은 어린 시절의 대인 관계와 매우 관련이 깊습니다. 자존감이 낮았던 '과거의 나'를 기억해 봅시다. 만약 지금 이 순간, 과거로 돌아가 그때의 자신을 만난다면 어떤 조언을 건네겠습니까?

_____

_____

_____

_____

_____

_____

_____

_____

_____

_____

2. 마음에 상처가 생겼을 때, 혼자서 가만히 꾹 참고만 있나요? 갑자기 몸이 좋지 않을 때 구급상자를 찾듯, 마찬가지로 마음이 좋지 않을 때에도 우리에게는 '마음의 구급상자'가 필요합니다. 마음의 상처를 치료하기 위해, 언제든 급히 찾을 수 있는 '내 마음의 구급상자'를 만들어 보는 것은 어떨까요?

〈예시〉

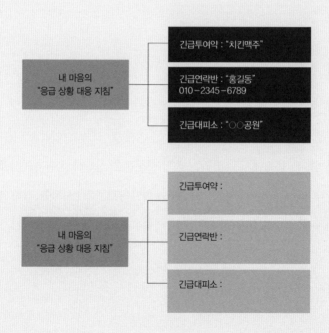

자기 자신의 변화가
간절히 필요하다면,
자기자비

혹시 불교심리학Buddhist Psychology에 대해 들어 본 적 있나요? 불교
심리학은 불교에서 다뤄지는 핵심 사상들을 심리학의 관점에서 접
근해 보려는 시도인데요, 사실 이러한 '파격적인' 시도는 기존 심
리학 연구들이 갖고 있던 어떤 한계점으로부터 시작되었습니다.

불교(佛敎, Buddhism)

+ **=** 불교심리학
(Buddhist Psychology)

Ψ

심리학(Psychology)

심리학에 문화Culture 라는 요소가 본격적으로 고려되기 시작한 것은 그리 오래되지 않았습니다. 유럽에서 미국으로 건너간 심리학이 성장, 발전하는 과정에는 무엇보다 미국인들의 마음이 많이 반영되었지요. 그래서 현재 우리나라에서 심리학 전공자들이 배우는 심리학 교재 속 이론·개념들의 상당수는 미국인의 생각과 행동 패턴들에 기초하고 있습니다. 따라서 인간의 심리에 관한 보편적인 진리 추구를 목표로 하는 심리학이라면 문화라는 요소를 고려하지 않을 수 없을 것입니다. 결국 심리학자들이 궁극적으로 염원하는, 인간에 대한 보편타당한 법칙을 찾아내기 위해서는 먼저 사람들의 마음이 문화권에 따라 어떻게 다르고 같은지부터 비교 조사하는 작업이 진행되어야 합니다.

비교문화심리학, 문화심리학, 토착심리학 등의 분야가 새롭게 부상함에 따라 기존에 '심리학Psychology'이라 일컬어지던 분야를 이전까지와는 다른 명칭으로 부르는 사람들이 나타나기 시작했습니다. 그들은 기존의 '심리학'을 가리켜 '서양 심리학Western Psychology'이라는 이름으로 부르기 시작했습니다. 서양인의 마음을 기초로 만들어진 것이니 서양 심리학이라 부르는 것이 타당하다는 것이었습니다. 그리고 서양 심리학이라는 이름 속에는, 타 문화권에 대한 고려 없이 만들어진 심리학은 말 그대로 '반쪽짜리'에 불과하다는 암시가 담겨 있기도 합니다. 결과적으로 1900년대 중후반 무렵, 심리학자들은 마음의 보편적 진리를 찾고자 이제까지와는 다른 곳에 주목하기 시작합니다. 이른바 '동양 심리학Eastern Psychology'에 대한 관심이 촉발되었습니다.

1879년 심리학자 분트Wundt에 의해 현대적 의미의 심리학이 시작되었습니다. 이는 분트가 세계 최초로 '심리학 실험실'을 개설했다는 사실과 관련이 깊습니다. 분트는 실험심리학, 과학으로서의 심리학 탄생을 주도했습니다. 오늘날까지도 많은 사람들이 분트를 기억하는 이유는 바로 이 때문입니다. 한편 (비교)문화심리학을 연구하는 학자들은 이제껏 상대적으로 주목받지 못했던, 분트의 또 다른 업적이 존재함을 지속적으로 언급했습니다. 1900년부터 약 20년에 걸쳐 집필한, 총 10권 분량의 『민족 심리학Volkerpsychologie』이 바로 그것입니다. 분트는 언어, 신화, 민족, 문화 등 실험실 내 '실험'만으로는 정체를 알기 어려운 인간 사회의 모습에 주목했습니다. 그러나 그것이 학자들의 진지한 관심의 대상이 되기까지는 비교적 오랜 시간이 걸렸습니다. 1960~70년대에 이르러서야 비로소 비교문화심리학, 문화심리학 등이 심리학계 주류에 모습을 드러내기 시작했던 것입니다. 불교심리학은 바로 이런 역사적 흐름 속에서 등장한, 새로운 시도 중 하나입니다. 이러한 맥락 속에서, 불교심리학 연구자 네프Neff는 그의 연구 첫 장을 통해 다음과 같이 밝힌 바 있습니다.[60]

> 정신 건강 이해의 새로운 지평을 열고자, 동양 철학 사상과 서양 심리학 간 논의가 최근 활발하다. …(중략)… 자기 개념 및 태도와 관련, 서양 심리학계에 잘 알려져 있지 않은 핵심 불교 용어 중 하나가 바로 자기자비Self-compassion다.[61]

지금부터 자존감을 안정적으로 관리하기 위해 소개하려는 것은 바로 불교심리학에서 유래된 '자기자비'입니다. 그렇다면 자기자비란 과연 무엇일까요? 이른바 자기친절, 보편적 인간성, 마음챙김이라 불리는 요소들을 중심으로 자기자비의 정체를 알아보겠습니다.

자기친절
'판단하지 말고 있는 그대로 받아들이세요'

자기자비를 이해하기 위해서는 먼저 불교에서 이야기하는 '자비慈悲'의 의미에 대해 먼저 알아볼 필요가 있습니다. 자비의 사전적인 의미는 '남을 깊이 사랑하고 가엾게 여김. 또는 그렇게 여겨서 베푸는 혜택'입니다. 그렇다면 자기자비란 무엇일까요? 간단합니다. 자비를 스스로에게 실천하는 것이 바로 자기자비입니다. 자기 자신을 사랑하고 가엾게 여기는 것이 곧 자기자비의 핵심 의미입니다.

'스스로를 사랑한다'는 의미의 측면에서 보면, 자기자비와 자존감은 어딘가 닮아있는 것처럼 보입니다. 실제로 여러 심리학 연구들에 따르면 자기자비는 자존감처럼 삶의 만족감, 주관적 안녕감, 스트레스 상황에서의 적극적 대처, 부정 정서 완화 등 긍정적인 심리 요소들과 관련이 높습니다.[62] 그렇다면 자존감과 자기자비는 어떻게 다른 걸까요? 지금부터 심리학자들이 설명하는 자기자비의 구성 요소들을 자세히 하나씩 살펴보도록 하겠습니다.

자기자비의 첫 번째 구성 요소는 자기친절Self-kindness 입니다. 자기친절은 자존감에는 없는 자기자비만의 주요한 요소입니다. 자기자비에서의 자기친절이란 스스로를 '판단하지 않으려는 자세'입니다. 자기친절을 실천하기 위해서 개인은 자신의 생각과 행동 및

그것이 불러온 결과들에 대해 함부로 어떤 긍정적이거나 부정적인 판단을 하지 않아야 합니다. 그보다는 먼저 원인에 따라 발생한 결과나 그로 인해 나타나는 자신의 생각, 감정, 행동 등을 있는 그대로 인식하고 받아들여야 합니다. 그 어떠한 평가도 하지 않고 자신과 자신을 둘러싼 환경을 가급적 있는 그대로 대하려는 노력이 필요합니다. 객관적인 관찰과 수용이 있은 후에 비로소 그에 걸맞은 처신이 나올 수 있다고 보는 것이지요. 반면 자존감은 자신의 가치나 행동 결과에 대해 주관적으로 평가하고 해석하는 과정을 중요하게 여기지요.

자기친절에 비춰 보면 우리가 흔히 자기계발서 등에서 '힐링', '조언'의 말로 접하는 다음과 같은 내용이 사실은 상호 모순되어 있음을 알 수 있게 됩니다. 다른 사람들의 처지와 자신의 처지를 비교하여 열등감에 빠지고, 위축된 기분을 느끼는 사람들에게 흔히 다음과 같은 조언이 따라옵니다.

타인들과 스스로를 비교하지 마세요. 있는 그대로의 자기 자신을 사랑해야 합니다.

이 조언의 핵심은 '있는 그대로의 자기 자신을 사랑하라'는 것입니다. 즉, 어떠한 판단이나 가치 개입을 배제하고 조건 없이, 자기 자신의 모습을 받아들일 것을 조언하고 있습니다. 앞서 우리가 살펴보았던 자기친절의 의미와 동일합니다. 그런데 한걸음 더 나아가 살펴보면, 자기자비 내 자기친절의 차원에서 '있는 그대로의 자신을 사랑하라'는 말은 '타인들과 스스로를 비교하지 말라'는 말과 공존할 수 없습니다. 왜냐하면 자기친절의 '있는 그대로의 자신을 사랑한다는 것'은 타인들과 스스로를 비교하고, 열등감에 빠져있는 자기 자신의 모습조차도 조건 없이 받아들이고 사랑할 수 있어야 함을 의미하기 때문입니다.

우리는 비록 실천하기가 어려울지라도 타인들과의 비교를 경계하려 하며, 비교하지 않고 자기 자신의 모습대로 살아가는 것이 올바른 것이라 배웠습니다. 그러나 심리학자들이 말하는 타인과의 비교, 즉 사회적 비교Social Comparison의 진정한 의미는 우리가 알고 있던 것과는 조금 다릅니다. 타인을 비교의 대상으로 삼는 것은 사회적 동물인 인간의 자연스러운 본능이며, 우리가 계속해서 비교를 행하는 이유는 타인의 목표나 성취를 본보기로 삼거나, 자신의 현재 사회적 위치를 가늠해 보는 등 그 행위가 우리에게 가져다 주는 여러 긍정적인 이점들이 존재하고 있기 때문입니다. 때로 그것이 다소 과하거나 객관적인 현실과 일치하지 않아 문제가 생기는 것일 뿐, 타인과 자신을 비교하려는 행위 그 자체는 잘못되지 않았습니다. '비교하지 말라' 대신 다른 형태의 조언이 필요합니다.

타인과 스스로를 비교하지마! (X)
나는 왜 타인과 스스로를 비교하는가? (O)

판단, 가치 개입을 거두면 한걸음 물러서서, 그 행위의 이유에 대해 차분히 따져 물을 수 있습니다. 우리가 타인과의 비교를 멈출 수 없는 데에는 분명히 어떤 이유가 존재합니다. 정도가 지나칠 때가 있으나 대개 비교를 행하는 이유는 그 행위를 통해 무언가 얻을 수 있는 이점이 존재하기 때문입니다. 그래서 옳고 그름을 따지는 대신에 먼저 '왜' 비교를 행하는지 스스로에게 조건 없이 물어 보고 탐색해야 합니다. 이것이 자기자비 속 자기친절의 진짜 의미입니다.

보편적 인간성
'인간은 애초에 불완전한 존재'

자기자비에는 보편적 인간성Common Humanity의 가치가 담겨 있습니다. 자기 자신을 특별하고 가치 있는 존재로 보는 대신, 전형적인 수많은 인간들 중 하나로 여기는 것이지요. 이러한 보편적 인간성은 '인간은 애초에 불완전한 존재'라는 생각을 바탕으로 합니다. 상황과 형태만 다를 뿐 사람은 누구나 고통, 불행, 실패 등을 겪습니다. 불행을 항상 자신의 탓으로 돌릴 수만은 없습니다. 때로는 스스로도 '어쩌지 못하는 불행'이 찾아들기 마련이며 그것은 그 누구도 피할 수 없습니다. 인간은 대개 스스로 감당할 수 없을 것 같은 큰 불행이 닥쳤을 때, 보편적 인간성의 의미를 저절로 깨닫게 되곤 합니다.

A씨는 최근 직장에서 커다란 좌절을 겪고 있는 중이다. 일 년간 야근, 주말 출근 등을 불사하며 고생 끝에 프로젝트를 완성시켰지만, 윗선에서의 단순 변심으로 인해 결과적으로 없던 일이 되고 말았다. 게다가 회사의 사업 분야 조정에 따라 자신이 속한 팀의 미래는 물론, 자기 자신의 거취 또한 불투명한 상황이다. 이 일로 인해 서로 의지했던 동료들이 줄줄이 퇴사를 결정했다는 소식도 들려왔다.

엎친 데 덮친 격으로 직장 밖에서의 일상 또한 A씨에게는 무척 힘든 나날들의 연속이다. 5년 가까이 만나 온 연인이 최근 이별을 고했고, 아버지 없이 홀로 오남매를 키워 주신 어머니는 최근 건 강이 급격히 악화되어, 큰 수술을 해야만 하는 상황에 처했다.

닥쳐오는 여러 불행을 마주하며, 요즘 A씨의 가슴 속에는 도통 눈물이 마를 날이 없다. 경력상 기로에 놓여 있는 지금의 이 상황 도, 결혼을 약속했던 소중한 연인과의 갑작스런 이별을 맞게 된 것도, 자신을 소중히 길러 주신 어머니께서 계속 편찮으시다는 소 식도 모두, 감당하기 어려운 큰 슬픔이다.

만약 인생에 불행한 일들이 한꺼번에 찾아온다면 어떤 기분이 들까요? 아마 좌절과 불안이 찾아올 것입니다. 끝까지 포기하지 말자며 희망을 가져 보고 싶지만 '과연 살 수 있을까', '내가 견딜 수 있을까', '만약 잘못되면 어떻게 하지' 등 계속해서 '나쁜 생각' 이 드는 것은 어쩔 수 없습니다. 한편, 슬픔, 불안, 좌절, 그 다음 으로 찾아오는 감정은 바로 분노와 억울함입니다. 도대체 왜 나에 게만 이런 일이 연달아 일어났는지, 도대체 내가 무엇을 잘못했기 에 이런 비극을 맞아야 하나 싶어서 화가 나고 억울합니다. 세상의 모든 것들이 원망스럽기 그지없으며, 그동안 열심히 살아온 나날 들이 과연 무엇을 위한 것이었는지 의심스럽습니다. 연속적인 불행에 처하게 되면, 대개 우리는 한동안 슬픔, 좌절, 불안, 분노, 억울 등 여러 감정들의 뒤얽힘 속에 혼란스런 시간을 보내게 됩니다.

그러나 시간이 지남에 따라 그러한 감정들은 천천히, 불행에 대한 인정과 수용으로 변화하기 시작합니다. 현재 자신이 이런 불행한 일을 겪고 있는 것에는 분명 어떤 이유와 의미가 있을 것이라는 믿음, 미처 몰랐지만 이번 사건을 계기로 비로소 깨달을 수 있었던 삶의 소중한 가치에 관한 생각 등이 떠오릅니다. 초기에는 자신만 유독 이런 '특별한' 불행을 겪고 있다고 생각했지만, 생각해 보면 누구에게나 유독 고통스러운 불행들이 여러 형태로, 다른 시간에 찾아오기 마련이라는 깨달음에 이르게 됩니다. 결국 '누구나 다 힘들다', '누구나 다 고통스럽다'는 생각에 도달합니다. 자기 자비를 연구하는 심리학자들은 '누구나 다 그러하다'는 이 생각이 모든 타인에 대한 유대감을 높여 주고 존재론적인 외로움을 줄여 준다고 설명합니다. 누구도 피할 수 없는 '불행'은 우리 모두의 적인 셈이고, 거기서 마치 '전우애'와도 같은, 보편적 인류애가 탄생한다고 봐야 할지도 모르겠습니다.

전우애든 보편적 인류애든 무언가를 찾기도 전에, 당장 닥쳐온 불행 앞에선 속수무책이기 마련일 것입니다. 그래서 우리는 대개 불행을 최대한 피하려 열심히 노력합니다. 그럼에도 불구하고 불행이 찾아오면 어떻게든 그것을 부정하거나, 회피하거나, 극복하려 합니다. 그러나 모든 불행에 대해 우리가 그렇게 대처할 수는 없을 것입니다. 정말 말 그대로 '어쩌지 못하는 불행'이 있을 수 있으니까요. 예측도, 통제도 할 수 없는 불행이 있을 수 있습니다.

사실 '어쩌지 못하는 불행' 앞에서는 어떤 노력도 필요하지 않습니다. 그 어떤 노력을 했든 인생에 불행은 찾아들기 마련입니다. '어쩌지 못하는 불행'은 억지로 부정되어야 할 것도, 무리하게 극복되어야 할 것도 아닌, 받아들여야 할 존재나 다름없습니다. 통제할 수 없는 것이라면 그저 스스로 조용히 지나가도록 놓아두는 것이 현명하다는 의미입니다. 그 불행이 너무 천천히 지나가거나, 견디는 시간이 너무 괴롭다면, 앞서 말한 전우애, 보편적 인류애의 힘을 빌려야 하는 때입니다. '어쩌지 못하는 불행', 즉 인간이라면 누구나 겪는 그 불가피한 불행은 서로와 서로의 마음을 이해하고 공감할 수 있도록 도와주는 계기가 되기도 합니다. 어쩔 수 없었음을 알기 때문에, 누구나 겪는다는 것을 알기 때문에 어떤 구체적인 개입이나, 조언, 훈계 등이 불필요함을 깨달을 수 있습니다. 그저 이해하는 것, 공감하는 것, 격려하는 것, 함께하는 것이 지금 찾아온 이 어려운 상황들을 슬기롭게 넘길 수 있는 방법일 따름입니다.

마음챙김
'자기 자신과 일정한 거리를 두세요'

자기자비는 자기친절과 보편적 인간성, 그리고 한 가지 더 중요한 요소를 필요로 합니다. 바로 '마음챙김Mindfulness'입니다. 자기자비에서 마음챙김이란 자기 자신으로부터 일정한 거리를 두려는 태도를 의미합니다. 일상에서, 혹은 갈등 상황에서 느끼는 감정, 생각, 태도, 대처 등에 지나치게 매몰되지 않으며 마치 자신이 타인인 것처럼 스스로를 관찰하는 태도이지요. 다른 말로 표현하자면 자신의 인생을 1인칭 주인공 시점이 아닌, 3인칭 관찰자의 시점에서 대하는 것이라고 할까요?

마음챙김은 자기자비의 다른 요소인 자기친절을 실천하기 위한 기본 태도이기도 합니다. 앞서 보았듯 자기친절이란 자신의 가치, 혹은 가치에 대한 감정이나 생각을 따로 판단하지 않으며 그저 있는 그대로 받아들이려는 태도입니다. 그러나 자기친절의 자세를 갖는다는 것은 말처럼 쉬운 일이 아닙니다. 누구나 기왕이면 좋은 생각, 좋은 감정을 느끼고 싶어 하지 당장 듣기 불편한 말, 부정적인 감정들까지 받아들이고 싶지는 않을 것입니다. 신념과 행동의 불일치로 발생하는 인지 부조화를 해소하기 위해 우리는 또 얼마나 많은 합리화, 정당화를 위한 말들을 꾸며낼까요.

결론적으로 우리가 자기친절을 실천하기 위해 우선 '나' 자신과

거리를 두는 연습이 필요합니다. 가까이서 보면 자신의 생각과 감정, 행동, 그리고 자신이 처한 상황이 무척 거대하며 중차대한 문제인 것 같지만, 거리를 두고 멀리 떨어져서 본다면, 즉 기나긴 인생의 굴곡에 비추어 생각하는 것만으로도 현재의 상황에 비교적 초연해질 수 있습니다. 억지로 왜곡하는 대신 있는 그대로 받아들일 줄 아는 마음의 여유가 생기는 것이지요. 그렇다면 자기 자신으로부터 거리를 두기, 즉 마음챙김을 효과적으로 실천할 수 있는 방법은 무엇일까요? 여러 가지가 있지만 그중에서 경외감敬畏感. Awe 이라 하는 신비한 느낌은 우리를 좀더 쉽게 마음챙김으로 다가서게 할 수 있습니다.

경외감이란 사전적인 의미로 '공경하면서 두려워하는 감정'입니다. 우리가 쉽게 감당하기 어려운, 그야말로 '압도적인 경험'을 할 때 느껴지는 감정입니다. 바닥이 보이지 않을 정도로 깊고 거대한 폭포를 볼 때, 경계가 보이지 않는 망망대해 속에 놓여 있는 조그마한 배 한 척에 내가 있다고 상상할 때, 높은 곳에 올라가 대도시의 장엄한 광경을 바라볼 때, 혹은 전 세계 각지의 이국적인 풍경들을 직접 마주할 때 우리는 경외감을 느낄 수 있습니다.

물론 경외감은 비단 물리적인 압도감만으로 체험될 수 있는 것은 아닙니다. 물리적인 자극의 크기, 밀도 등과는 별개로 우리가 심리적으로 어떻게 느끼느냐에 따라 경외감을 경험할 수 있습니다. 가장 대표적인 예가 바로 우리가 일상에서 예술을 접하며 느끼는 여러 감정들입니다. 거장들이 만든 뛰어난 문학, 미술, 음악, 영화 혹은 걸출한 철학적 사상들은 우리에게 미지의 두려움과 새로운 충격을 선사할 때가 있습니다. 특히 인간을 반영하는 예술이 그 자체로도 우아하면서 미처 들키고 싶지 않았던, 알고 싶지 않았던 인간 심층에 자리 잡고 있는 어떤 '그림자'를 다루고 있다면, 우리는 경외감을 느끼곤 합니다. 심리학의 역사에서는 정신분석학Psychoanalysis을 주창한 지그문트 프로이트가 바로 그런 경외감을 선사하는 인물이었습니다. 무의식, 꿈, 리비도 등에 대한 그의 자극적이면서도 은밀했던 이론들은 사람들로 하여금 놀라움과 두려움, 그리고 창작자에 대한 존경심을 동시에 안겨 주기 충분했습니다.

경외감은 앞서 살펴본 마음챙김의 실천과는 구체적으로 어떤 연관이 있을까요? 경외감을 연구하는 심리학자들은 경외감 체험을 곧 '스키마schema의 확장'으로 설명하기도 합니다. 여기서 스키마란 우리의 기억 체계 속에 자리 잡고 있는 정형화된 생각의 틀을 말합니다. 스키마는 외출 준비하기, 식사하기, 출퇴근(등하교)하기, 어울리기, 쇼핑하기 등 평소 일상에서 자주 행하는 행동들의 실행 순서들이 적힌 안내서이기도 하고, 특정 분야에서 오랜 경험을 토대로 만들어진 노련함이기도 합니다. 스키마가 있어 우리는 일상의 갖가지 상황에 대처하느라 소비되는 정신적 에너지들을 절약할 수 있습니다. 스키마로 구성된 일련의 행동 체계들이 존재하지 않는다면 우리는 일상에서 자주 행하는 활동들을 매번 새롭게 탐구하고, 궁리하고, 더 나은 방법을 결정하는 등 수고로움을 감수해야 합니다. 스키마를 다른 말로 표현하면 일종의 '경험'이라 할 수 있는데, 과거의 경험을 활용하지 않는다면 매사 새롭게 학습하고 또 학습해야 한다는 무척 귀찮은 문제가 생기겠지요.

스키마가 언제나 우리에게 긍정적인 도움을 주는 것은 아닙니다. 스키마는 때로 고정관념이라는 이름으로, 창의적인 생각을 하는 데 방해하기도 합니다. 혹은 고정관념에 부정적인 감정이나 악의적인 의도가 가미된 편견, 차별 등으로 나타나 각종 개인적 · 사회적 문제들을 야기하기도 합니다. 그래서 스키마는 평소 정신적 에너지의 효율을 위한 유용한 도구로서 곁에 두되, 창의적인 사고를 해야 하거나 가치관이 다른 타인들과 교류하는 등 새로운 경험을 할 때에는 경계할 수 있어야 합니다.

중요한 것은 경외감이 경직된 스키마에 균열을 내고, 그것의 확장을 유도한다는 것입니다. 우리는 이해 가능하고, 예측 · 통제 가능한 것을 선호합니다. 그래서 놀랄 만큼 어마어마한 물리적 · 정신적 자극을 소화하기 위해서 우리는 일련의 과정이 필요합니다. 그것은 바로 스키마의 확장입니다. 기존의 스키마를 깨고, 생각의 그릇을 넓히고 넓혀 그 경외감의 순간을 품기 위해 안간힘을 쓰게 된다는 이야기입니다. 경외감을 통해 스키마를 확장시킨다면 우리는 좀더 수월하게 마음챙김을 실천할 수 있습니다. '나' 자신과 거리를 둘 만큼 충분히 넓은 생각의 그릇을 확보할 수 있으니까요.

소설가 박완서 선생님의 단편 소설 「나의 가장 나종 지니인 것」(1993)에는 경외감을 통한 마음챙김에 도달하는 과정이 매우 흥미롭게 묘사되어 있습니다. 「나의 가장 나종 지니인 것」의 주인공인 어머니는 자식을 잃은 아픔을 갖고 있습니다. 아들이 1980년대 운동권 시위 도중 쇠파이프에 맞아 죽고 만 것이지요. 소설은 그 어머니가 자식을 잃은 슬픔을 어떻게 달랬는지 묘사하고 있습니다. 특히 동서와 전화를 한다는 설정하에 동서에게, 결국은 독자에게 직접 말하듯이 담담히 그 심경을 토로합니다. 어머니는 아들을 잃은 슬픔과 독재의 그림자가 짙게 깔린 시대를 대하는 먹먹함을 다스리기 위한 자신만의 '주문'이 있다고 말합니다. 그리고 그 주문만 외우고 나면 언제 그렇게 고통스러웠냐는 듯 감정이 차분히 가라앉는 신기한 경험을 하게 된다고 동서에게 말합니다.

은하계는 태양계를 포함한 무수한 항성과 별의 무리. 태양계의 초점인 태양과 지구 사이의 거리는 빛으로 약 오백 초, 태양계의 가장 바깥쪽을 도는 명왕성은 태양에서 빛으로 약 다섯 시간 반. 그러나 은하계의 지름은 약 십만 광년, 태양은 은하계의 중심에서

삼만 광년이나 떨어진 변두리의 항성에 불과함. 광년은 초속 삼십만 킬로미터의 빛이 일 년 동안 쉬지 않고 갈 수 있는 거리의 단위. 그러나 은하계가 곧 무한은 아님. 우주에는 우리 은하계 말고도 다른 은하가 허다하게 존재하니까. 우리 은하계에서 가장 가까운 은하의 거리가 이백만 광년. 십억 광년인 은하도 있는데 초속 몇 만 킬로의 속도로 계속 멀어져가고 있으니 우주라는 무한은 무한히 팽창하고 있는 중. 광년은 빛이 일 년 동안 쉬지 않고 갈 수 있는 거리의 단위, 구조사천육백칠십 킬로미터.

작품 속 어머니는 집에서 우연히 본 〈소년우주과학〉 잡지에 실려 있던 내용을 일종의 슬픔을 가라앉히는 주문으로 외우곤 한다고 말합니다. 그리고 이 엉뚱하면서도 난해하고, 한 번에 외우기에는 무척 긴 이 주문이 효과적인 이유를 다음과 같이 설명합니다.

잠시 동안이라도 제 태산 같은 설움이 안개의 입자처럼 미소하고 하염없어져요. 이젠 뜻 같은 건 생각할 필요도 없어요. 정확도 같은 건 더구나 문제도 안 되고요. 그 소리만 일단 달달달 외고 나면 조건반사처럼 나른하고도 감미로운 허무감에 잠기게 되거든요. 형님, 그 동안 제가 그렇게 살았다우. … (후략) …

아득히 먼 거리에 있는 우주에 대한 상상은 지금 우리가 겪고 있는 크고 작은 모든 일들이 모두 '덧없다'는 느낌을 갖게 합니다. 학업 성적이 나쁜 것이, 취업이 잘 안 되는 것이, 직장 생활이 고단한 것이 내게는 매우 크고 중요한 일만 같았는데 우리가 살고 있는 이 거대한 우주에 대한 생각을 하고 있노라면 고작 이 '티끌' 만한 지구에서 사람들이 엎치락뒤치락 사는 것이 다 무슨 의미가 있을까요. 이 덧없음의 감정은 우리에게 몰두하고 있던 삶의 여러 문제들에 대해 한 발자국 떨어져 고민해 볼 수 있는 더 넓은 관점을 제시합니다.

압도적인 것에 대한 체험은 '작은 세상' 속에 갇혀 있는 우리들의 마음을 흔들어 놓습니다. 그리고 본질적인 것에 대한 질문으로 우리를 인도합니다. 이 티끌 같고, 순간적인 삶이 가져다 주는 무의미함 속에서 추구해야 할 삶의 본질적인 가치들은 무엇인지 자문하게 한다는 의미입니다. 열심히 공부해 좋은 대학에 들어가고, 취업 준비 잘 해서 좋은 직장 들어가고, 야근과 회식에 시달리며 꿋꿋이 버티려는 이유는 무엇일까. 그렇게 해서 돈을 얻고, 안정감을 얻고, 명예를 얻고, 작은 권력을 얻는다면, 그것을 통해서 결국 이루고자 하는 본질적 삶의 목적은 무엇인가. 소위 세속적이라 일컫는 가치들을 얻고자 했던 그 단계에서 멈춰 서 한발자국도 나아갈 수 없다면, 여러분은 이제 압도적인 경험을 찾아 삶의 무의

미함을 느끼고 그것을 통해 삶의 '본질'에 대해 고민해야 할 시기
에 도달한 것입니다.

'건강한 자아란
관망하고 행동하는 것'

낮은 자존감 때문에 지금 괴롭나요? 자존감을 높이기 위해 노
력하고 있나요? 자기자비는 다른 해답을 제시합니다. 인생 속 불
행은 필연이고 누구나 그것을 피할 수 없다면, 혹은 우주를 상상
하는 것과 같은 압도적인 경험을 마주할 때 매일 치고받는 일상이
덧없다고 느껴진다면, 결국 억지로 애를 써 스스로를 긍정적으로
포장하거나, 혹은 부정적으로 깎아내리는 것에는 과연 무슨 소용
이 있을까요.

자존감을 높이려는 것에는 분명 어떤 목적이 있게 마련입니
다. 우리는 자존감을 높인 후, 일상에 어떤 긍정적인 변화가 생
길 것이라 믿고 있지요. 예를 들어 높아진 자존감을 통해 연애나
결혼을 하거나, 당당한 자신의 모습을 주변에 어필하여 사회생활
을 잘 하거나, 더 이상 상처받지 않고 행복한 자신이 되고 싶다거
나……. 자존감 높이기를 통해 추구하려는 그 여러 목표들이 과연
얼마나 본질적인 것인지, 그럼에도 불구하고 계속해서 추구할 만

한 가치가 있는지, 자기자비가 자존감 속에서 불행해 하는 우리들에게 결국 던지고 싶은 물음입니다. 애써서 추구하느라 힘들어 하기 이전에, 먼저 자존감을 추구하려는 그 마음은 왜 생긴 것인지, 결국 그것이 향하는 곳이 어디인지를 스스로에게 물어야 한다는 의미입니다.

결국 자기자비는 어떻게 자존감의 대안이 될 수 있을까요? '무한 자기긍정'보다는 '결점을 받아들이고, 정리하여, 행동하는 것이 더 낫다', 바로 이것이 자기자비가 전하는 교훈입니다. 자존감이 높은 사람들은 자신을 긍정적으로 바라보고 싶어 합니다. 그래서 때로 자신의 단점이나 현실적 한계들을 부정하고 무시하려 합니다. 반면 자기자비가 높은 사람들은 그렇지 않습니다. 그들은 불완전한 자신조차 온화한 태도로 받아들이며(자기친절), 그런 불완전성이 보편적인 인간 경험의 일부임을 이해합니다(보편적 인간성). 그리고 어떻게 하면 자신의 불완전한 부분들을 개선하고 보완할 수 있을지, 거리를 두어 자기 자신을 균형 있게 관찰합니다(마음챙김).

그 결과 자기자비가 높은 사람들은 좀더 적극적으로 실천할 수 있습니다. 자존감을 높이는 데에만 집중하는 사람들은 자신의 결점에 소극적으로 대처합니다. 실천 대신 합리화나 방어, 무시 등으로 일관합니다. 소극적 대처는 개인의 마음속에서만 일어나는 일이기 때문에 이러한 대처 방식으로는 외부 현실을 바꿀 수 없습니다. 자존감이 위협받는 상황은 없어지지 않고, 계속 자신을 무리하게 긍정하느라 많은 정신적 부담을 감내해야 합니다. 그러나 자기자비가 높은 사람들은 자신의 결점이 두렵지 않습니다. 오히려 결점을 다스리기 위해 적극적인 실천을 시도합니다. 자기 자신을 마음속으로 긍정할 시간이 있다면, 차라리 그 시간에 더욱 직접 노력하여 외부 현실 그 자체를 바꾼다는 의미입니다.

자기자비가 자존감에게 말합니다. '건강한 자아란, 생각하기보다 관망하고, 행동하는 것에 있다'고 말입니다.

1. 사람들은 부정적인 생각과 감정을 받아들이기 어려워 합니다. 그래서 이내 회피하거나, 부정하거나, 왜곡하고 말지요. 그러나 자기친절을 실천하기 위해서는 있는 그대로의 모든 생각과 감정을 받아들이는 연습이 필요합니다. 지금 현재 자신이 가지고 있는 분노, 질투, 미움, 슬픔 등은 무엇인가요? 가치 판단을 배제하고 솔직하게 적어 봅시다. 그것을 갖게 된 이유는 무엇인가요? 또 그러한 느낌들을 어떻게 합리적, 이성적인 방법으로 풀어낼 수 있을까요?

_____

_____

_____

_____

_____

_____

_____

_____

2. 자기친절 – 경외감 – 마음챙김 – 자기자비 – 참된 나로의 도달. 이를 위해 우리가 일상에서 선택할 수 있는 가장 흥미진진한 노력 중 하나는 바로 여행입니다. 쳇바퀴 같던 일상을 내던지고 무작정 나선 여행은 익숙지 않은 자극들을 주며 경외감을 선사하지요. 자신이 최근 다녀온 여행은 어땠나요? 어떤 놀라운 느낌들이 있었는지 회상해 봅시다. 그리고 또 다른 경외감을 찾아, 다음 여행 계획을 계획해 봅시다.

지난 여행은 어땠나요?

_____

_____

_____

앞으로 어떤 여행을 다녀오고 싶나요?

_____

_____

_____

_____

건강한 자존감의 끝,
행복을 생각하다

주마간산走馬看山. '말을 타고 달리며 산천을 구경한다'는 뜻으로, 주변을 자세히 살피지 않고 대충대충 보고 지나감을 이르는 말입니다. 혹시 우리도 지금껏 인생을 '주마간산' 식으로 살아온 것은 아닐까요? 이러한 고민을 자주 하고 있는 것을 보면요.

난 그동안 뭘 하고 살아온 거지?

내가 좋아하는 것, 잘하는 것은 뭘까?

내 삶은 너무 평범한 것 같아.

치열한 것은 좋았습니다. 그러나 때로는 뒤도 보고, 옆도 보고, 그렇게 천천히 둘러보며 왔어야 했을 테지요. 오로지 앞만 보고 내달린 턱에 한참 앞으로 와 버리고 나서야, 여러 생각들이 문득 머리에 떠오르기 시작합니다. '무언가 놓치고 온 기분', '소중한 것을 잊은 듯 한 기분' 말입니다. 학교에 가서 성적 경쟁, 입시 경쟁하고, 끝나자마자 다시 취업 경쟁하고, 취업하자마자 또 승진 경쟁하고 이직 고민하느라 바빠서 잘 생각해 보진 못했지만, 아무래도 남은 인생도 이런 식으로 살아서는 안 되겠다는 회의와 반성이 들기 시작합니다. 지금부터 다룰 내용은 바로 '잠시 멈추기', 그리고 자존감 관리의 끝에 있는 행복에 대한 이야기입니다.

직장인 K씨는 요즘 숨통이 트였다. 지금의 직장을 그만두더라도 '살길'은 있을 것이라는 자신감을 갖기 시작했기 때문이다. 남들은 흔히 하는 생각일 수 있지만 사실 K씨에게는 그렇지 않다. 왜냐하면 K씨는 그동안 직장에 뼈를 묻을 각오로, 배수의 진을 친 채 지내 왔기 때문이다. '요즘 회사 밖은 그야말로 지옥이라는데, 대기업은 아니지만 이곳에 취직하려고 갖은 노력을 다 했는데, 내가 이곳 아니면 어디에 갈 수 있을까? 무조건 여기에서 버텨야

해.' 이런 생각을 K씨는 내심, 늘 갖고 있었다. 그래서인지 얼마 전 업무상 실수로 인해 상사로부터 다음과 같은 말을 들었을 때도 그 말을 차마 부정할 마음이 들지 않았다. '운 좋은 줄 알아야지. 자네가 다른 곳에 가도 이만한 대우 받으며 회사 생활 할 수 있을 거라 생각하나?' 그래서 유독 힘들었던 것 같다. 이곳 아니면 어디 갈 데가 없다는 생각이 직장 생활에서의 모든 힘든 일들을 억지로 참게 만들었다.

그러나 요즘은 사정이 달라졌다. 어느새 K씨에게는 퇴사 후 꼭 해 보고 싶은 일이 생겼기 때문이다. 자신이 평소 좋아하던 요가를 더 전문적으로 공부해서 자격증을 따고, 나중에는 요가 학원의 원장이 되어 보고 싶다는 꿈이 생겼기 때문이다. 비로소 K씨에게 직장 외 대안이 생긴 셈이다. 그리고 놀랍게도 '여기가 아니면 안 된다'는 생각을 덜 하게 된 것만으로도 K씨의 마음에는 여유가 생겼다. 언젠가 이곳에서의 생활도 끝이 있으리라는 것을 알게 되니 업무의 고단함도, 상사와의 관계에서 오는 스트레스도 이전보다는 견딜만했다.

요즘 K씨는 행복하다. 퇴근 후에는 요가 학원을 차리려는 그 꿈에 한발짝 다가가는 한편, 이제야 내가 좋아하는 일, 잘할 수 있는 일에 대해 멈춰 서서 생각해 볼 수 있는 소중한 기회를 마련하게 되었기 때문이다.

자존감에 대한 모든 것들을 내려놓고 한번 생각해 봅시다. 우리가 높은 자존감을 갖고 싶어 하는 이유는 과연 무엇일까요? 자존감이 높아지고, 그래서 스스로를 가치 있는 대상으로 여길 수 있게 된다면 우리 삶에 어떤 좋은 점들이 생길까요?

제일 먼저 떠오르는 것은 대인 관계에서의 원만함입니다. '나 스스로를 사랑할 줄 알아야 다른 사람을 사랑할 수 있다.' 주위에서 흔히 볼 수 있는 말 중 하나인데, 그것은 곧 우리가 은연중에 자존감을 사랑의 수단으로 여기고 있다는 의미일 수도 있습니다. 높은 자존감을 토대로 사랑하거나 사랑받고 사는 삶. 우리가 아마 자존감을 통해 얻고자 하는 하나의 목표일 겁니다.

자존감이 높아졌을 때 기대되는 또 다른 한 가지는 일에서의 성취입니다. 자존감이 높은 사람들은 갖가지 위협적인 외부 환경으로부터 자기가치감을 보호하는 데 능합니다. 주눅 들지 않고 자신의 일을 묵묵히 하고, 다른 사람에게 할 말은 하고, 자신이 하는 일을 자랑스러워합니다. 취업이 잘 안되고, 시험에 낙방하고, 승진이 좌절되어도 스스로의 가치는 무너지지 않으며, 다시 도전하면 된다고 스스로를 다독일 줄 압니다. 자존감이 높은 사람들은 더 잘 견디고, 더 많이 시도하여 결국 자존감이 위태로운 사람들에 비해 더 나은 성취를 얻게 될 가능성이 높을 겁니다.

우리는 자존감을 통해 일이 더 잘 풀리고, 관계가 더 원만해지기를 원합니다. 자존감은 목적이 아니라 수단이지요. 그러나 우리는 자존감을 높이는 것 자체에 많은 공을 들이느라 진짜 우리의 목적을 잊어버렸습니다.

자존감→ 일과 사랑의 성취→ 행복

우리는 자존감을 추구합니다. 왜일까요? 바로 행복해지기 위해서입니다. 그래서 자존감에 대해 생각함과 동시에 우리가 반드시 짚고 넘어가야 할 것이 바로 이 행복에 대한 부분입니다. 행복이란 무엇이고, 행복의 속성은 무엇인지, 행복에 대해 잘못 알고 있던 것은 없는지, 행복은 어떻게 얻을 수 있는지, 그래서 행복을 얻는 방법이 자존감을 얻는 방법과 어떻게 연결될 수 있는지 등 행복에 대한 다양한 고민들은 높은 자존감을 추구하는 우리가 자칫 부작용에 빠지지 않도록, 나아가야 할 방향을 잡아줄 수 있습니다.

행복,
얻을 것인가 지킬 것인가

행복이란 과연 무엇일까요? 행복을 연구하는 심리학자들은 행복을 크게 두 가지 관점으로 바라봅니다. 먼저 쾌락Hedonism의 관점에서 보면 행복은 기쁨, 즐거움, 짜릿함, 흥미로움, 안락함, 달콤함, 시원함 등 강렬한 정서적 체험으로부터 나옵니다. 의미 Eudaimonism의 관점으로 보면 행복은 지적 호기심을 충족하거나, 삶의 의미에 대해 고민하거나, 자아실현을 추구하는 등의 활동으로부터 경험할 수 있는 상태입니다. 오랫동안 심리학자들은 행복의 본질이 무엇인지 고민했습니다. 행복이란 쾌락에 더 가까운가, 아니면 의미에 더 가까운가에 대해서 말입니다.

행복의 본질을 '쾌락'으로 여기는 이들은 '의미'로 행복을 이해한다는 것은 다소 추상적이며 모호하고, 어렵다는 비판을 합니다. 행복은 의미를 좇는 등 어떤 고차원적인 사고 활동을 통하지 않고서도 얼마든지 경험될 수 있는 성질을 가지고 있다고 주장합니다. 반면 행복을 '의미'에서 찾고자 하는 이들은 쾌락주의적 행복이 매우 피상적이고 일회적이어서 곧 그것이 본질이 될 수는 없다고 주장합니다. 사실 쾌락은 지속되지 않습니다. 인간에게는 축복이자 저주인 '적응Adaptation하는 동물'로서의 성격이 있기 때문입니다. 쾌락적인 경험은 시간이 지남에 따라 적응의 과정을 밟게 되고, 그 효용이 급격히 줄어듭니다. 우리는 사라진 쾌락의 경험을 지속시키고자 더 강렬하고 새로운 쾌락을 끊임없이 찾아 헤맵니다. 최근에는 '쾌락'과 '의미'라는 두 가지 관점을 모두 인정하는 심리학자들이 많습니다. 두 관점 모두 행복을 논할 때 없어서는 안 되는 요소들이며 상호보완적이라는 것입니다. 실제로 행복에 관한 이 두 가지 관점이 모두 포함된, 종합적인 행복 모델을 구축하려 시도하고 있습니다.

한편 행복의 본질에 대해 이야기할 때 우리가 놓쳐서는 안 되는 중요한 논의가 한 가지 더 있습니다. 바로 다음의 질문입니다.

행복은 지키는 것인가, 얻어야 하는 것인가.

1906년 벨기에의 극작가 모리스 마테를링크Maurice Maeterlinck가 아동극 한 편을 발표했습니다. 이 아동극은 동화로 각색되면서 우리들에게도 무척 친숙한 작품이 되었는데요, 그 작품의 이름은 바로 〈파랑새The Blue Bird〉입니다. 치르치르와 미치르 남매는 몸이 아픈 한 아이의 병을 낫게 하기 위해 파랑새를 찾아달라는 늙은 요정의 부탁을 받고는 곧 환상의 세계로 여행을 떠나게 됩니다. 추억의 나라, 밤의 나라, 행복의 나라, 미래의 나라를 지나며 치르치르와 미치르는 계속 파랑새를 찾지만, 끝끝내 파랑새를 찾지 못한 채 현실로 돌아왔습니다. 그러다 우연히 자기들의 집 새장 속의 비둘기를 보았는데, 비둘기가 전과 다르게 파란 색으로 보입니다. 그제야 남매는 파랑새가 다름 아닌 자신들의 곁에 있었음을 알아차리고, 파랑새를 몸이 아픈 아이에게 데려가 병이 낫도록 돕습니다.

잘 알려져 있듯 동화 〈파랑새〉에서 파랑새가 상징하는 것은 행복입니다. 행복은 멀리 있는 것이 아니라 바로 우리 가까이에 있다는 교훈이 담긴 동화이지요. 사실 그렇습니다. 행복은 얻어야 하는 것이기도 하지만, 가까이에서 발견할 수 있고 잃어버리지 않도록 지켜야 하는 대상이기도 합니다. 그러나 불행하게도 어른이 되어버린 현재 우리들은 곁에 있는 행복을 발견하고 지키려는 대신 어딘가에 있을, 그러나 보이지 않는 행복을 좇기에 급급합니다.

잠시 눈길을 돌려, 미술 작품 하나를 감상해 보겠습니다. 다음의 그림을 보고, 이 그림의 제목을 지어 봅시다. 당신이 생각한 제목은 무엇인가요?

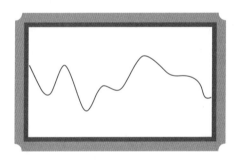

심장박동, 실, 언덕, 산 등 여러 이름을 떠올렸을 것입니다. 저는 이 그림에 다름 아닌 '인생life'라는 이름을 붙였습니다. 올라가기도 하고 내려가기도 하는 등 여기 저기 굴곡진 것이 마치 우리

인생과 닮았기 때문입니다. 가파르게 상승하는 지점은 '행복'을 상징하고요, 반대로 하락하다 깊은 골짜기를 이루는 지점은 '불행'에 빠진 인생을 상징합니다.

이 그림을 보며 인생에 '행복'이 있고, 또한 '불행'이 있다는 것을 생각할 때, 우리가 궁극적으로 행복해지기 위해 취할 수 있는 전략은 크게 두 가지입니다. 첫째, 부지런히 올라 높은 곳에 도달하는 방법이 있습니다. 그림의 맨 오른쪽 화살표가 가리키는 높은 지점에 올라서는 것이 우리가 행복해질 수 있는 하나의 방법입니다. 행복해질 수 있는 방법을 부지런히 찾고 그것을 적극적으로 실천할 수 있다면 우리는 분명 지금보다 '더' 행복해질 수 있습니다. 둘째, 골짜기에 빠졌을 때 신속하게 빠져나와 이전에 갖고 있던 행복 수준에 도달하는 방법이 있습니다. 그림의 왼쪽에 있는, 내려갔다가 올라가는 방향을 가리키는 화살표들이 이에 해당합니다.

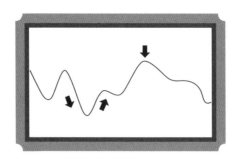

행복하게 살고 싶을 때, 더 행복해지는 방법에 몰두하는 것이 능사가 아닙니다. 아무리 노력한다 해도 필연적으로 인생에 불행은 찾아들기 마련이며 바로 그 시점에 얼마나 슬기롭고 신속하게 딛고 일어서느냐 역시 전체 삶의 행복을 좌우하는 중요한 요소 중 하나입니다. 다시 말해 '더' 행복해지는 것 못지않게, '덜' 불행해지려는 노력 역시 꼭 필요하다는 의미입니다. 심리학자들이 행복 못지않게 탄력성Resilience에 주목하는 것은 바로 이런 이유 때문입니다. 구체적으로 탄력성을 연구하는 이들은 '덜' 불행해지는 방법으로서 '감정의 배출구' 확보하기, 내적 통제감과 낙관성을 잃지 말기, 적어도 한 명 이상의 친한 친구를 갖기 등 대비책을 마련할 것을 권장하고 있지요.

행복을 얻어야 한다는 관점 대신 지켜야 한다는 관점으로 바라보면 행복과 돈(소득)의 관계에 대해서도 미처 생각지 못했던 결론에 도달할 수 있습니다. 먼저 질문을 드리겠습니다. 행복과 소득 사이에는 어떤 관계가 있을까요? 돈을 많이 벌수록 우리는 행복해질까요? 행복과 소득의 관계에 대해 그간 심리학자들이 연구해 본 결과 대개 다음과 같은 관계가 성립합니다. 일정 소득 구간에 도달하기 전까지 행복과 소득은 정비례합니다. 즉, 소득이 늘어날수록 행복 점수 역시 높아지지요. 그러나 일정 소득 구간을 넘어서는 순간부터 소득은 행복의 수준에 영향을 끼치지 않습니다.

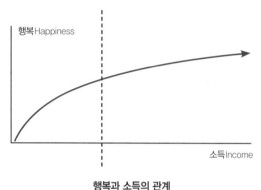

행복과 소득의 관계
우리는 돈으로 행복을 살 수 있을까

    소득 수준은 분명 우리의 행복과 관련이 있습니다. 그러나 소득의 영향력이 '절대적'이지는 않습니다. 이는 곧 행복한 삶을 살기 위해서는 돈이 꼭 필요하지만, 돈 말고 다른 어떤 것 또한 보장되어야 함을 의미합니다. 자본주의 사회에서라면 이룰 수 없는 것이 가히 없다 할 정도로 돈이 갖는 힘은 막강한데, 왜 행복에 대해서만큼은 돈의 위력이 제한되는 걸까요? 그것은 바로 우리가 행복과 돈의 관계를 잘못 파악하고 있기 때문입니다. 사실 돈이라는 것은 행복을 얻기 위해 쓰여야 하는 것이 아닙니다. 그보다는 행복을 지키기 위한 도구로 쓰일 때 비로소 그 참된 가치를 발할 수 있습니다. 돈과 행복 간의 관계를 볼 때, 결국 돈이라는 것은 쓰기 나름입니다. 돈의 역할을 제대로 이해하고 더 나은 쓰임새를 보일 수 있다면 얼마든지 행복과 소득이 계속 정비례하는 그림을 만들어 낼 수도 있다는 의미입니다. 돈의 역할에 대해 다루며 이를 조금 더 자세히 설명해 보도록 하겠습니다.

돈은 소유욕을 충족시켜 즉각적이고 일차적인 만족감을 제공합니다. 더 간단히 표현하면 돈을 가지고 있으면 우리는 그것을 통해 평소 갖고 싶던 어떤 물건이나 서비스를 구매할 수 있습니다. 이 과정에서 우리는 그것을 소유함으로써 한 번, 그리고 그것을 감상하거나 사용하면서 한 번 더 행복을 경험하게 되지요. 그래서 우리는 흔히 돈이 많으면 행복해질 것이라고 생각합니다. 평소 먹고 싶었던 것, 입고 싶었던 것, 갖고 싶었던 것, 가 보고 싶었던 곳 등 원하던 것을 마음껏 할 수 있기 때문입니다. 그러나 앞서 살펴보았듯, 이렇게 돈으로 무언가를 구입해 누리는 행복은 즉각적이지만 일차적이고, 피상적이며, 오래 지속되지 않습니다. 아무리 뛰어난 쾌락과 만족의 경험이라 해도 그것이 반복되면 반드시 적응의 굴레에 놓이기 마련입니다. 그리고 익히 짐작하시겠지만 적응이 시작된 자극은, 결코 처음 그것을 접했던 때와 같이 우리를 행복하게 할 수 없습니다. 행복과 소득의 관계 그래프에서 보았던 완만한 곡선은 인간의 적응 및 감각의 둔화 과정을 상징하는 것일지도 모릅니다.

따라서 돈을 소유욕 충족의 도구로 여겨서는 안 됩니다. 그보다는 행복을 지키는 울타리의 역할을 맡기는 것이 좀더 오랫동안 행복하게 살 수 있는 비결입니다. 예를 들어 우리는 먼저 돈을 통해 의식주를 안정시키고 우리 자신의 건강을 지켜야 합니다. 의식주 및 건강은 행복을 추구하는 데 있어 결코 없어서는 안 될 요소들이니까요. 단, 의식주에 지나치게 매몰되어 돈을 낭비하는 태도는 행복 추구에 그다지 바람직하지 않습니다. 생계에 지장이 없으며 충분히 안전한 환경을 갖출 수 있다면 그것으로 충분합니다.

의식주 등 안정적인 삶의 기반을 갖추었다면 그 속에서 우리는 여러 사회적, 정서적 활동들을 통해 행복을 길러야 합니다. 흔히 우리를 행복하게 만들어 준다고 알려져 있는 활동들, 이를테면 휴식하기, 사색하기, 봉사하기, 여행가기, 어울리기, 운동하기 등 행동반경을 넓혀 '행복의 기반'을 다지는 작업을 시작하는 것입니다. 결국 돈은 행복 유지에 직접적으로 기여하고, 행복 추구에 간접적으로 도움이 될 수 있는 도구라 볼 수 있을 것입니다.

행복의 발달에 대해

많고 많은 행복한 일들 가운데 우리를 가장 행복하게 해 주는 일은 과연 무엇일까요? '행복은 무엇인가'와 같은 본질적 질문과 크게 다르지 않은데요, 답하는 것이 어렵다면 아래의 질문을 참고

해 보는 것은 어떨까요?

죽음을 앞두고 가장 후회할 일은 무엇입니까?

위 질문을 대한 많은 사람들이 '사람'에 관한 후회와 아쉬움을 언급합니다. '사랑하는 가족들과 더 많은 추억을 쌓을 걸', '그때 그 사람에게 모질게 대하지 말걸', '살면서 더 다양한 친구들을 사귀어볼 걸', '부모님께 더 효도할 걸', '자식들에게 조금 더 다정다감한 부모가 되었어야 했는데', '내 배우자와 앞으로 더 함께할 수 없다는 것이 아쉽다', '일만 열심히 하느라 사랑하는 사람들을 돌보지 못했어', '먼저 떠난 그 사람이 보고 싶어' 같은 생각이 가장 먼저 떠오른다고 합니다. 그래서 다시 생각해 보게 됩니다. 열심히 일하는 것도, 무언가를 이루는 것도 중요하지만 진정 행복하게 산다는 것이 과연 무엇인가에 대해 말이죠.

행복에 대한 연구들 중 이른바 행복곡선Happiness Curve이라고 하는 개념이 있습니다. 행복을 발달심리학적 관점에서 본 것인데, 일생에 걸쳐 개인의 행복 수준이 어떻게 변화하는가를 추적한 개념이지요. 이 행복곡선의 모양은 대개 U자형 곡선의 형태를 띠고 있습니다. 바로 다음 장의 그래프[63]와 같이 말입니다.

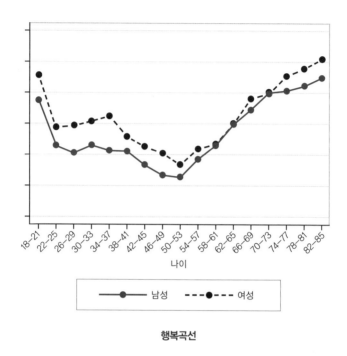

행복곡선

    유년기, 학창 시절에는 한창 행복하다가 성인이 되고 본격적으
로 경제 활동을 시작하면서 행복 수준이 꾸준히 감소하기 시작합
니다. 그러나 50대에 접어들고 정년 은퇴 시점이 가까워지며 행복
수준은 회복세에 접어들게 되지요. 그러다 은퇴 후, 삶의 마지막
을 준비하는 노년기에야 비로소 인간의 행복 수준은 최고점을 형
성하게 됩니다.

    심리학자들이 보기에 유년기에 행복하고, 중년기에 덜 행복한

것은 납득할 수 있었습니다. 성인들 대부분이 행복한 일이 가득했던 유년기를 그리워하지요. 당시에는 매일매일 노는 것이 일이었고, 부모님의 관심과 보살핌 속에 건강하게 잘 자라는 것만이 중요한 삶의 과제였으니까요. 어린 나이였기에 새롭게 경험하는 것들도 많아 모든 것이 신기하고 좋았던 나이였습니다. '산타클로스' 등을 진지하게 믿을 수 있었던 유년기의 그 순수함이 우리를 행복하게 했습니다.

그러나 나이가 들고 경제 활동을 시작하게 되면서 세상에는 밝은 면 못지않게 어두운 면도 많다는 사실을 깨닫습니다. 유년기에 막연히 생각했던 것과는 달리 세상은 그리 정의롭지도 않았고 공평하지도, 평화롭지도 않지요. 하루하루가 보이지 않는 전쟁의 연속이며 어른으로서의 책임감과 의무감 때문에 마음대로 일을 그만둘 수도 없습니다. 어렸을 때는 나 한 사람만을 고민하면 됐지만 이제 내게는 먹여 살려야 할 아이들이 있고, 다른 가족들이 있습니다. 그리고 하루하루 나이를 먹다 보니 이제 몸과 마음이 '예전 같지 않음'을 느껴 이따금씩 서글퍼집니다. 저 밑에서 치고 올라오는 아직 창창한 젊은 세대가 두렵게 느껴지기도 합니다.

그러다가 신기하게도, 추락한 행복 수준은 노년기에 접어들며 비약적으로 상승하기 시작합니다. 흔히 나이 듦에 따라 신체적 · 경제적 쇠약, 은퇴와 소외, 사별 경험 등 인생에 부정적인 사건들을 동반하기 마련인데도 말입니다. 여러 어려움 속에서도 행복을 지키고 오히려 더 행복하게 살 수 있었던 노인 세대의 비결은 과연 무엇일까요? 그 비결 중 하나는 바로 '정서적 목표'의 추구입니다. 여기서 정서적 목표란 가족, 배우자, 가까운 친구 등 인간적으로 친밀한 대상과의 교류를 늘려 기쁨, 감사, 평온, 유쾌함, 사랑 등 긍정적 정서를 얻고자 하는 것을 말합니다. 심리학자들은 젊은 이와 노인 간 사람을 만나고 사귀는 방식에 중요한 차이점이 있다는 점을 지적합니다.

먼저 젊은 사람들은 새로운 사람들을 만나고, 그들의 인적 네트워크 범위를 확장하는 데 많은 관심을 쏟습니다. 활발히 사회생활을 하다 보면 끊임없이 새로운 사람들을 만나며 살 수 밖에 없기도 하고, 또 일에서 성취하기 위해서는 아무래도 '인맥'의 힘을 무시할 수 없기 때문입니다. 그러나 노년기에 접어들면, 이러한 인맥 확장에 대한 욕구는 상대적으로 낮아집니다. 서로 잘 알지 못하는 사람들을 여럿 사귀는 것보다는 오래도록 알고 지낸, 가족이나 오랜 친구 등 정서적으로 가까운 사람들과 함께 시간을 보내는 것을 더 선호하지요.

사교의 목적 또한 젊은 세대와 노년 세대 간에는 상대적 차이가 존재합니다. 젊은 사람들에게는 사람을 만나 교류하면서 지식과 정보를 나누는 것이 중요합니다. 새로운 지식과 정보는, 세상에 대한 그들의 넘치는 호기심을 충족시켜 주는 동시에 진로에 관한 더 많은 기회를 가져다줄 수 있기 때문입니다. 그러나 노인들은 정보 습득, 공유를 대인 관계의 최우선 순위로 두지 않습니다. 그보다는 오래 만나 익숙하고 친밀한 사람들을 만나 소속감, 행복, 기쁨 등 긍정적인 정서를 더 나누길 원하지요. 노인 세대에서는 슬픔, 불안함, 우울함 등 부정적 정서 경험을 의도적으로 회피, 무시함으로써 현재 가진 긍정적 정서들을 보호하려 하기도 합니다.

행복에 관한 심리학 연구들은 돈, 명예, 권력 등 사회적 성취보다는 친밀한 사람들과의 유대, 순간의 삶에 최선을 다하는 것, 유유자적하며 사색하는 삶 등에서 더 큰 행복을 경험할 수 있다고 말합니다. 대인 관계의 측면으로 보자면, 새로운 사람들을 계속 만나고 무리하게 인맥을 유지하려 애쓰기보다는, 가까이 있는 사람들에게 하나라도 더 잘 하고 함께 있는 것이 행복하기 위한 더 유리한 전략일 수 있다는 것입니다. 그리고 노인 세대의 사교 방식과 목적이 바로 이 행복의 조건에 상대적으로 잘 부합하고 있기에 결과적으로 젊은 사람들보다는 노인들이 더 행복하다고 볼 수 있습니다.

H씨는 외로움이 많은 편이다. 대학생이 되고 나서는 집에 얌전히 머무르는 날이 없을 정도였다. 친구, 선배와의 모임들에 빠

지지 않기 위해서였다. 그 당시 H씨는 단 하루도 집에 머물고 싶지 않았다. 혼자 있으면 외로웠고, 혼자 있는 사이에 사람들이 자신만 모르는 재미있는 이야기를 나눌까 봐 걱정하곤 했다. 그래서 H씨는 '친구는 많을수록 좋다'는 믿음하에 열심히 사람들을 '쫓아다녔다.' 학교에서 진행되는 웬만한 행사, 모임에는 절대 빠지지 않고 어울렸다. 그러나 그렇게 계속 새로운 사람들, 더 많은 사람들을 쫓아다니는 동안 큰 문제가 하나 생겼다. 중·고등학생 때부터 친했던 친구들에게 소홀하게 되었고 그래서 점차 그들과 멀어지고 있었다.

약 2년 후, 군대를 다녀오고 H씨는 복학생이 되었다. 학교에 가니 안타깝게도 입학 초기에 열심히 만나던 사람들은 H씨 곁에 없었다. 바쁘다는 이유, 나라의 부름을 받았다는 이유, 오래 만나지 않아 서먹하다는 이유 등으로 대부분 서로가 서로에게 멀어져 있는 상태였다. 그때서야 H씨는 후회를 했다. 어떤 상황이 닥치더라도 그저 이유 없이 자신을 알아주고 만나 주었던, 가까운 사람들의 소중함을 그제야 깨달았기 때문이다. 그리고 결심했다. 새로운 사람들을 만나고 친해지는 것도 좋지만, 무엇보다 가까이 있는 사람들과 더 행복해지자고 말이다. 언제나 자신과 함께 해 주는 사람들의 존재를 당연하게 여기지 말자고 말이다.

우리가 자존감에 관심을 갖는 근본적인 이유는 다름 아닌 행복한 삶을 살기 위해서입니다. 아울러 궁극적 지향인 '행복'에 대해 정확히 이해해야 자존감을 대하는 우리의 관점 또한 효과적으로 맞춰갈 수 있습니다.

행복은 얻어야 하는 것이자 동시에 지켜야 하는 대상입니다. 지금까지 우리의 관심사는 행복을 얻는 것, 행복을 추구하는 것에 맞춰져 있었죠. 그러나 우리가 얻어 온 행복 못지않게 중요한 것은 바로, 우리가 이미 가지고 있던 행복들입니다. 우리 곁에 있는 소중한 자원들을 잊었거나 소홀히 대한 나머지, 아깝게 흘려보내고 있는 행복 또한 많다는 점을 잊지 마세요.

자존감보다는
1명의 소중한 인연에게 집중하기

자존감 끝에 행복이 있다면, 우리는 행복한 삶을 염두에 두며 자존감을 어떻게 가꿀 것인지 방향을 설정해야 합니다. 앞서 보았듯 행복을 추구하는 방법에는 두 가지가 있습니다. 행복을 얻거나, 행복을 지키거나. 자존감을 추구하는 방법 역시 마찬가지입니다. 자존감을 얻거나, 자존감을 지키거나. 지금까지 중점적으로 다뤄 왔던 자존감 안정성, 암묵적 자존감 지키기, 자존감 네트워크 형성, 자기자비는 자존감을 관리하는 방법에 해당합니다. 결국 자존감을 안정적으로 관리하는 길은 일상의 소소한 행복들을 얻어 '행복 안정성'을 추구하고, 서로의 행복을 보듬고 지원하는 '행복 네트워크'를 추구하는 길로 연결될 것입니다.

우리는 그동안 자존감을 높이는 쪽에 많은 관심을 기울여 왔습니다. 어떻게 하면 지금보다 '더' 당당해질지, '더' 자기 자신을 사랑하며 살 수 있을지, 막연한 목표를 좇아 헤맸습니다. 그리고 아무리 노력해도 '근본적인 변화가 찾아오지 않는다'며 한탄하고 좌절하며 결국 스스로를 비난하곤 했습니다.

튼튼히 기반을 다지지 않은 채 맹목적으로 자존감 높이기에만 몰두하면 높은 자존감의 여러 가지 부작용들이 발생합니다. 결국 행복하려고, 더 잘 살려고 관심을 가진 자존감이 오히려 또 하나의 과제가 되고, 부담이 되는 상황이 오는 것이지요. 사실 자존감을 높이기 위해서는 오히려 높은 자존감에 대한 집착을 버릴 필요가 있습니다. 그런 다음 충분히 시간을 갖고 스스로에게 물어야 합니다. '내가 과연 자존감에 대해 얼마나 알고 있었을까?', '결국 자존감을 통해 내가 얻고자 했던 것은 무엇이었을까?' 그와 함께 건강한 자존감을 키워내기 위해 든든한 울타리를 구축하는 작업부터 시작해야 합니다.

이 울타리가 완성되기 전까지 함부로 스스로를 비난해서는 안

됩니다. 우리의 마음을 피폐하게 하고 자존감을 병들게 하는 현실에 홀로 맞선다는 것은 그야말로 엄청 부담스러운 일이니까요. 자존감은 결코 혼자 지킬 수 없습니다. 자존감은 스스로 하기 나름이라는 생각의 함정에서 벗어날 필요가 있습니다. 그리고 지금까지 힘겨운 현실 속에서도 꿋꿋이 버텨온 지난날의 삶과 자기 자신의 모습을 기특하게 여길 줄 알아야 합니다. 그 다음으로 우리가 모색할 것은 다 같이 자존감을 지켜 나갈 수 있는 방안입니다. 즉, 혼자서도 좋지만 기왕이면 모두가 건강한 자존감을 갖고 끝내 행복한 삶을 만날 수 있도록 연대하는 방법을 고민해 보는 것은 어떨까요? 서로가 서로의 자존감을 지킬 때 우리는 더더욱 단단한 자존감을 가질 수 있습니다. 자존감 때문이라며 혼자 머리를 감싸 쥐는 것보다 차라리 1명의 소중한 인연을 더 곁에 둘 것. 자존감 하락을 '당하지' 않기 위해 우리가 꼭 기억해야 할 중요한 메시지입니다.

A c t i v i t y

---

1. 자존감에 대한 위협을 예방하기 위해서는 소중한 지인들의 응원과 격려가 필요합니다. 그들과의 관계를 돈독히 다지기 위해 시간을 내어 직접 칭찬하고, 감사하고, 사랑하고, 응원해 봅시다.

'칭찬합니다' 말하기

1. 누구에게?	2. 무엇을?	3. 실천 계획은?

'감사합니다' 말하기

1. 누구에게?	2. 무엇을?	3. 실천 계획은?

'사랑합니다' 말하기

1. 누구에게?	2. 무엇을?	3. 실천 계획은?

'응원합니다' 말하기

1. 누구에게?	2. 무엇을?	3. 실천 계획은?

프롤로그

1 "따뜻한 밥 한 끼의 '나비효과'…식비만 지원해도 자존감 오르고 학점 쑥쑥", 국민일보, 2019년 1월 9일

2 "전북의 자존감 높이며 환황해권시대 도약 최선", 전민일보, 2019년 1월 8일

3 "함양군, '청렴도 새로운 도약' 처음부터 다시 시작!", 뉴스메이커, 2019년 1월 13일

4 "윤시윤, '2018 SBS 연기대상' 우수상 수상… '이렇게 자존감 부족한 배우가…'", 브릿지경제, 2019년 1월 1일

5 "우리 민족의 자존감 세울 수 있어 흐뭇합니다", 전남매일, 2018년 12월 27일

Part 1
권하고, 매달리고, 팔고… 바야흐로 자존감 열풍

6 Veselska, Z., Geckova, A. M., Orosova, O., Gajdosova, B., van Dijk, J. P., & Reijneveld, S. A. (2009). Self-esteem and Resilience: The Connection with Risky Behavior among Adolescents. *Addictive Behaviors, 34*, 287−291.

Kidd, S., & Shahar, G. (2008). Resilience in Homeless Youth: The Key Role of Self-esteem. *American Journal of Orthopsychiatry*, *78*, 163−172.

7 http://www.alba.co.kr/story/brand/MediaReportView.asp?idx= 3259&page=5

8 Gilbert, P., Allan, S., Brough, S., Melley, S., & Miles, J. N. V. (2002). Relationship of Anhedonia and Anxiety to Social Rank, Defeat and Entrapment. *Journal of Affective Disorders*, *71*, 141−151.

이소영, 조현주, 권정혜, 이종선 (2015). "한국판 패배감 척도의 신뢰도와 타당도 연구 및 패배감과 속박감의 요인구조." 한국심리학회지: 임상, 34, 17−36.

9 Taylor, P. J., Gooding, P., Wood, A. M., & Tarrier, N. (2011). The Role of Defeat and Entrapment in Depression, Anxiety, and Suicide. *Psychological Bulletin*, *137*, 391−420.

10 Gilbert, P., & Allan, S. (1998). The Role of Defeat and Entrapment (Arrested Flight) in Depression: An Exploration of an Evolutionary View. *Psychological Medicine*, *28*, 585−598.

11 http://www.realmeter.net/국민이-가장-믿는-기관은1위-대통령-21-3-최하위-국회-1-8/

12 http://www.worldvaluessurvey.org/wvs.jsp

13 김희삼(2017). "사회 자본에 대한 교육의 역할과 정책방향 연구보고서." 2017−

참고 문헌

06. 한국개발연구원.

14 Kernis, M. H., Grannemann, B. D., & Barclay, L. C. (1989). Stability and Level of Self-esteem as Predictors of Anger Arousal and Hostility. *Journal of Personality and Social Psychology, 56,* 1013–1022.

15 Davies, J., & Brember, I. (1999). Reading and Mathematics Attainments and Self-esteem in Years 2 and 6-an eight-year cross-sectional study. *Educational Studies, 25,* 145–157.

16 Kugle, C. L., Clements, R. O., & Powell, P. M. (1983). Level and Stability of Self-esteem in Relation to Academic Behavior of Second Graders. *Journal of Personality and Social Psychology, 44,* 201–207.

17 Baumeister, R. F., Campbell, J. D., Krueger, J. I., & Vohs, K. D. (2003). Does High Self-esteem Cause Better Performance, Interpersonal Success, Happiness, or Healthier Lifestyles? *Psychological Science in The Public Interest, 4,* 1–44.

18 https://files.eric.ed.gov/fulltext/ED321170.pdf

19 Baumeister, R. F., Smart, L., & Boden, J. M. (1996). Relation of Threatened Egotism to Violence and Aggression: The Dark Side of High Self-esteem. *Psychological Review, 103,* 5–33.

20 Alicke, M. D., & Sedikides, C. (2009). Self-enhancement and Self-protection:

What They are and What They Do. *European Review of Social Psychology*, *20*, 1–48.

21 Gergen, K. J. (1973). Social Psychology as History. *Journal of Personality and Social Psychology*, *26*, 309–320.

Part 2
높이려고만 했지… 알지 못했던 자존감의 얼굴들

22 Rosenberg, M. (1965). *Society and the Adolescent Self-image*. Princeton, NJ: Princeton University Press.

23 차경호, 홍기원, 김명소, 한영석 (2006). "한국 성인의 자존감 구성요인 탐색 및 척도개발." 한국심리학회지: 일반, 25, 105–139.

24 Raskin, R., & Terry, H. (1988). A Principal-components Analysis of the Narcissistic Personality Inventory and Further Evidence of Its Construct Validity. *Journal of Personality and Social Psychology*, *54*, 890–902.

25 Bushman, B. J., & Baumeister, R. F. (1998). Threatened Egotism, Narcissism, Self-esteem, and Direct and Displaced Aggression: Does Self-love or Self-hate

Lead to Violence? *Journal of Personality and Social Psychology, 75*, 219–229.

26　Campbell, W. K., & Foster, C. A. (2002). Narcissism and Commitment in Romantic Relationships: An Investment Model Analysis. *Personality and Social Psychology Bulletin, 28*, 484–495.

27　Smith, E. P., Walker, K., Fields, L., Brookins, C. C., & Seay, R. C. (1999). Ethnic Identity and Its Relationship to Self-esteem, Perceived Efficacy and Prosocial Attitudes in Early Adolescence. *Journal of Adolescence, 22*, 867–880.

28　Campbell, W. K., Rudich, E. A., & Sedikides, C. (2002). Narcissism, Self-esteem, and the Positivity of Self-views: Two Portraits of Self-love. *Personality and Social Psychology Bulletin, 28*, 358–368.

29　Campbell, J. D., Trapnell, P. D., Heine, S. J., Katz, I. M., Lavallee, L. F., & Lehman, D. R. (1996). Self-concept Clarity: Measurement, Personality Correlates, and Cultural Boundaries. *Journal of Personality and Social Psychology, 70*, 141–156.

Heine, S. J., Lehman, D. R., Markus, H. R., & Kitayama, S. (1999). Is There a Universal Need for Positive Self-regard? *Psychological Review, 106*, 766–794.

30　Kwan, V. S., Bond, M. H., & Singelis, T. M. (1997). Pancultural Explanations for Life Satisfaction: Adding Relationship Harmony to Self-esteem. *Journal of*

Personality and Social Psychology, 73, 1038−1051.

31 Heine, S. J., Lehman, D. R., Markus, H. R., & Kitayama, S. (1999). Is There a Universal Need for Positive Self-regard? *Psychological Review, 106*, 766−794.

32 Diener, E., & Diener, M. (1995). Cross-cultural Correlates of Life Satisfaction and Self-esteem. *Journal of Personality and Social Psychology, 68*, 653−663.

33 이동귀, 양난미, 박현주 (2013). "한국형 자존감 평가영역 척도 개발 및 타당화." 한국심리학회지: 일반, 32, 271−298.

34 한유화, 정진경 (2007). "2요인 자아존중감 척도: 개인주의적 및 집단주의적 요인." 한국심리학회지: 사회 및 성격, 21, 117−131.

35 Schmitt, D. P., & Allik, J. (2005). Simultaneous Administration of the Rosenberg Self-Esteem Scale in 53 Nations: Exploring the Universal and Culture-specific Features of Global Self-esteem. *Journal of Personality and Social Psychology, 89*, 623−642.

36 "We did not find, as many researchers have expected, that people in collectivistic countries express much lower levels of global self-esteem than people in individualistic countries. Nor did we find particulary positive self-esteem is a unique characteristic of individualistic countries." (p. 638)

37 조긍호 (2007). "동아시아 집단주의와 유학 사상: 그 관련성의 심리학적 탐색." 한

국심리학회지: 사회 및 성격, 21, 21-54.

한민, 이누미야요시유키, 김소혜, 장웨이 (2009). "새로운 문화-자기관 이론의 국가 간 비교연구: 한국, 중국, 일본 대학생들의 자기관." 한국심리학회지: 일반, 28, 49-66.

38 이누미야요시유키, 김윤주 (2006). "긍정적 환상의 한일비교: 주체성 자기와 대상성 자기에 의한 설명." 한국심리학회지: 사회 및 성격, 20, 19-34.

허태균 (2015). 『어쩌다 한국인』. 서울: 중앙북스.

39 http://news.kbs.co.kr/news/view.do?ncd=3512984&ref=A

40 Luhtanen, R., & Crocker, J. (1992). A Collective Self-esteem Scale: Self-evaluation of One's Social Identity. *Personality and Social Psychology Bulletin*, *18*, 302-318.

41 http://www.hkrecruit.co.kr/news/articleView.html?idxno=15077

42 http://sports.hankooki.com/lpage/entv/201802/sp2018020809164513 6660.htm

43 한민, 서신화, 이수현, 한성열 (2013). "한국인의 자존심 개념과 특성에 대한 연구." 한국심리학회지: 문화 및 사회문제, 19, 203-234.

Part 3
진정 행복하기 위한 자존감 관리 처방전

44   Orth, U., Erol, R. Y., & Luciano, E. C. (2018). Development of Self-esteem from Age 4 to 94 years: A Meta-analysis of Longitudinal Studies. *Psychological Bulletin, 144,* 1045-1080.

45   Orth, U., Erol, R. Y., & Luciano, E. C. (2018). Development of Self-esteem from Age 4 to 94 years: A Meta-analysis of Longitudinal Studies. *Psychological Bulletin, 144,* 1045-1080.

46   Heppner, W. L., Kernis, M. H., Nezlek, J. B., Foster, J., Lakey, C. E., & Goldman, B. M. (2008). Within-person Relationships among Daily Self-esteem, Need Satisfaction, and Authenticity. *Psychological Science, 19,* 1140-1145.
Nezlek, J. B., & Plesko, R. M. (2001). Day-to-day Relationships among Self-concept Clarity, Self-esteem, Daily Events, and Mood. *Personality and Social Psychology Bulletin, 27,* 201-211.

47   Trzesniewski, K. H., Donnellan, M. B., & Robins, R. W. (2003). Stability of Self-esteem across the Life Span. *Journal of Personality and Social Psychology, 84,* 205-220.

Kernis, M. H., Grannemann, B. D., & Barclay, L. C. (1992). Stability of Self-esteem: Assessment, Correlates, and Excuse Making. *Journal of Personality, 60*, 621–644.

48 Steele, C. M. (1988). The Psychology of Self-affirmation: Sustaining the Integrity of the Self. *Advances in Experimental Social Psychology, 21*, 261–302.

49 Thomaes, S., Bushman, B. J., Castro, B. O. D., Cohen, G. L., & Denissen, J. J. (2009). Reducing Narcissistic Aggression by Buttressing Self-esteem: An Experimental Field Study. *Psychological Science, 20*, 1536–1542.

50 Higgins, E. T. (1998). Promotion and Prevention: Regulatory Focus as a Motivational Principle. *Advances in Experimental Social Psychology, 30*, 1–46.

51 Reed, M. B., & Aspinwall, L. G. (1998). Self-affirmation Reduces Biased Processing of Health-risk Information. *Motivation and Emotion, 22*, 99–132.

52 Creswell, J. D., Welch, W. T., Taylor, S. E., Sherman, D. K., Gruenewald, T. L., & Mann, T. (2005). Affirmation of Personal Values Buffers Neuroendocrine and Psychological Stress Responses. *Psychological Science, 16*, 846–851.

53 Creswell, J. D., Welch, W. T., Taylor, S. E., Sherman, D. K., Gruenewald, T. L., & Mann, T. (2005). Affirmation of Personal Values Buffers Neuroendocrine and Psychological Stress Responses. *Psychological Science, 16*, 846–851.

54 Cohen, G. L., Garcia, J., Apfel, N., & Master, A. (2006). Reducing the Racial Achievement Gap: A Social-psychological Intervention. *Science, 313*, 1307−1310.

55 Bosson, J. K., Swann Jr, W. B., & Pennebaker, J. W. (2000). Stalking the Perfect Measure of Implicit Self-esteem: The Blind Men and the Elephant Revisited? *Journal of Personality and Social Psychology, 79*, 631−643.

Greenwald, A. G., & Banaji, M. R. (1995). Implicit Social Cognition: Attitudes, Self-esteem, and Stereotypes. *Psychological Review, 102*, 4−27.

Bosson, J. K., Brown, R. P., Zeigler-Hill, V., & Swann, W. B. (2003). Self-enhancement Tendencies among People with High Explicit Self-esteem: The Moderating Role of Implicit Self-esteem. *Self and Identity, 2*, 169−187.

56 Bosson, J. K., Swann Jr, W. B., & Pennebaker, J. W. (2000). Stalking the Perfect Measure of Implicit Self-esteem: The Blind Men and the Elephant Revisited? *Journal of Personality and Social Psychology, 79*, 631−643.

57 http://stdweb2.korean.go.kr/search/View.jsp

58 Maslow, A. H. (1943). A Theory of Human Motivation. *Psychological Review, 50*, 370−396.

Maslow, A. H. (1954). *Motivation and Personality*. New York, NY: Harper.

59 Muhlenkamp, A. F., & Sayles, J. A. (1986). Self-esteem, Social Support, and

참고 문헌

Positive Health Practices. *Nursing Research, 35,* 334–338.

Sherkat, D. E., & Reed, M. D. (1992). The Effects of Religion and Social Support on Self-esteem and Depression among the Suddenly Bereaved. *Social Indicators Research, 26,* 259–275.

60 Neff, K. D. (2003). The Development and Validation of a Scale to Measure Self-compassion. *Self and Identity, 2,* 223–250.

61 "Recent years have seen an increasing dialogue between Eastern philosophical thought-Buddhism in particular-and Western psychology, leading to new ways of understanding and engendering mental well-being …(중략)… One important Buddhist concept that is little known in Western psychological circles, but that is relevant to those interested in self-concepts and self-attitudes, is the construct of self-compassion." (p.223)

62 Leary, M. R., Tate, E. B., Adams, C. E., Batts Allen, A., & Hancock, J. (2007). Self-compassion and Reactions to Unpleasant Self-relevant events: The Implications of Treating Oneself Kindly. *Journal of Personality and Social Psychology, 92,* 887–904.

Neff, K. D., Hsieh, Y. P., & Dejitterat, K. (2005). Self-compassion, Achievement Goals, and Coping with Academic Failure. *Self and Identity, 4,*

263—287.

Neff, K. D., Kirkpatrick, K. L., & Rude, S. S. (2007). Self-compassion and Adaptive Psychological Functioning. *Journal of Research in Personality, 41,* 139—154.

63 http://www.mynewoldself.com/2016/09/17/get-old-get-happy/